DIRGELWCH
LOCH NESS

Cyflwynedig i
Nia
gyda llawer o gariad
ac o ddiolch.

DIOLCHIADAU

Hoffwn ddiolch yn arbennig i George Edwards o Drumnadrochit am ei gymorth parod, ei gefnogaeth a'i gyfeillgarwch, ac am ei ganiatâd i gyhoeddi tri llun a dynnodd ac sydd heb ymddangos yn gyhoeddus yn unman cyn hyn. Diolch hefyd i ddwsinau o drigolion ardal Loch Ness am eu parodrwydd i sôn am yr hyn a welsant yn y llyn. Ac yn olaf, i'r Cyngor Llyfrau am eu hamynedd a'u brwdfrydedd, ac i wasg Y Lolfa am gyhoeddi.

DIRGELWCH
LOCH NESS

Gareth F. Williams

y**L**olfa

CYFLWYNIAD

Ychydig iawn, iawn o bobl sy erioed wedi clywed am Loch Ness, y llyn enwocaf yn y byd. Tua chwech oed oeddwn i pan glywais amdano gyntaf, a byth ers hynny mae dirgelwch y llyn rhyfedd hwn wedi gwrthod gollwng ei afael ynof.

Oes yna rywbeth go unigryw yn byw yn nyfnderoedd oer a thywyll Loch Ness? Ac os oes, *beth* yn union ydyw?

Dau gwestiwn pwysig iawn, a does yna neb wedi medru eu hateb erioed. Mae nifer o bobl yn credu'n gryf fod yna o leiaf un 'anghenfil' mawr yn byw yn Loch Ness, ac mae llawer yn taeru iddynt ei weld.

Ond mae eraill wedyn yn chwerthin am ben y fath syniad; does dim ffasiwn beth â Nessi, medden nhw. O, efallai bod yna angenfilod wedi byw o gwmpas y llyn filiynau o flynyddoedd yn ôl, yn oes y deinosoriaid, ond *heddiw?*

Byth!

Pwy, felly, sy'n iawn?

Nid fy mwriad i yw ceisio profi i chi fod y *Loch Ness Monster* yn bodoli. Ond wedi dweud hynny, nid wyf am ddweud yn blwmp ac yn blaen mai'r unig beth sydd i'w gael yn y llyn yw ambell bysgodyn, dyfrgi neu ddau, dŵr, dŵr, a rhagor o ddŵr. Na, rhaid i *chi* benderfynu, mae arna i ofn. Pwy a ŵyr? Efallai, ar ôl darllen y llyfr hwn, y byddwch yn ei ollwng i mewn i'r bin sbwriel cyntaf gan weiddi 'Rwtsh!' dros y tŷ. Neu efallai y byddwch yn mynd ar wib i fyny i'r Alban gyda'ch camera a'ch sbienddrych, a threulio oriau maith yn rhythu ar wyneb Loch Ness.

Rhag ofn . . .

Loch Ness - 'y llyn enwocaf yn y byd', a chartref anghenfil?

MAE RHYWBETH YN Y DŴR!

Y LLYN

Mae Loch Ness yn anferth.

Mae'n bwysig sylweddoli hynny reit ar y cychwyn fel hyn. Nid yw'n llyn llydan iawn – dim ond rhyw filltir sydd yna o'r lan ogleddol i'r un ddeheuol – ond mae dros bedair milltir ar hugain mewn hyd. Yn wir, mae'r pellter rhwng Inverness, wrth geg y llyn yn y dwyrain, i Fort Augustus yn y gorllewin yn fwy na'r pellter rhwng Dover yn Lloegr a Calais yn Ffrainc!

Mae o hefyd yn llyn dwfn iawn. Mewn un man, mae dros wyth can troedfedd (250 metr) o ddyfnder wedi'i gofnodi. Pe bai'n bosib gwagio Loch Ness, gellid gosod holl boblogaeth y byd – pob dyn, dynes a phlentyn – ynddo ddeg gwaith drosodd.

Prysurdeb Camlas Caledonia yn Fort Augustus.

Camlas Caledonia yn Fort Augustus, gyda Loch Ness yn y cefndir.

Hyd yn oed wedyn, buasai hen ddigon o le ar ôl ynddo.

Ond hen ddigon o le ar ôl. . . i beth?

WFFT I 'NESSI!'

Diwrnod poeth yng nghanol mis Awst oedd hi – ac roedd Jeannette Ferguson wedi cael llond bol ar yr holl dwristiaid a lenwai bob twll a chornel o dref fechan Fort Augustus.

Dw i bron iawn yn edrych ymlaen at weld yr ysgol yn ailgychwyn, meddyliodd. *Bydd y niwsansus swnllyd yma wedi mynd am flwyddyn arall, ac mi fydd hi'n haws o lawer i mi symud o gwmpas y dref.*

Gwyddai mai yno i geisio cael cipolwg ar Nessi rocdd y rhan fwyaf o'r ymwelwyr. Treulient oriau'n rhythu ar wyneb Loch Ness, nes fod eu llygaid yn llosgi.

Ffyliaid! meddyliodd Jeannette. *Dw i erioed wedi gweld unrhyw 'anghenfil' yn y dŵr, a minnau wedi cael fy ngeni a'm magu ar lannau'r llyn. Does dim byd yno, siŵr.*

Ond gwyddai fod nifer o drigolion yr ardal yn taeru iddyn nhw weld rhyw anifail rhyfedd yn codi o'r dyfroedd oer. *Ai ffyliaid oedden nhw, hefyd?*

Tra oedd yn pendroni dros hyn, sylweddolodd Jeannette ei bod wedi crwydro i lawr y llwybr bychan sy'n rhedeg heibio i abaty hardd Sant Benedict. Roedd wrth geg y

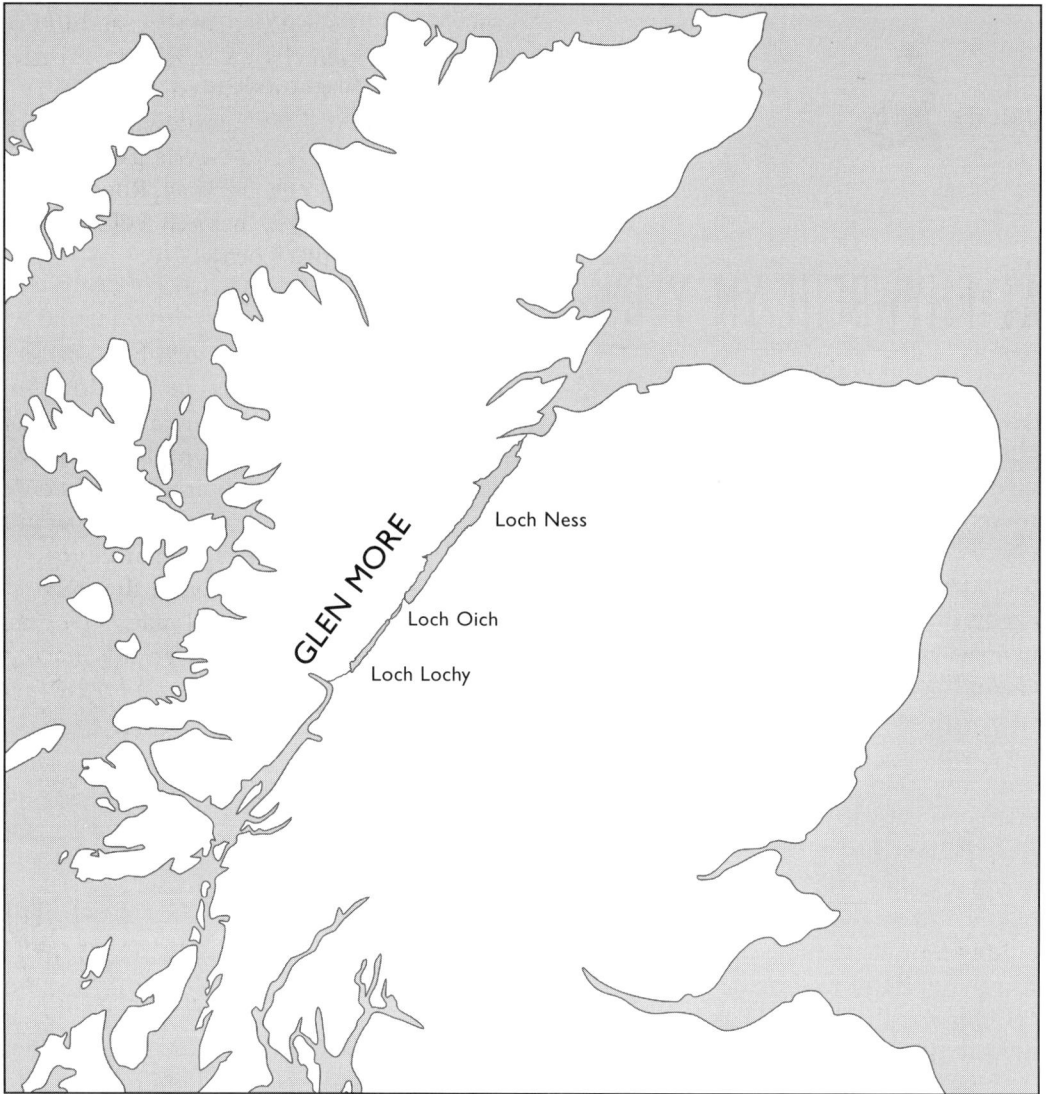

Glen More, *The Great Glen*, yn estyn fel mwclis am wddf Yr Alban.

llyn, ac agorai Loch Ness o'i blaen fel môr gwydr, llonydd. Eisteddodd Jeannette ar garreg. Roedd hi'n braf yma, ac yn dawel. Hawdd iawn fuasai pendwmpian, gyda'r haul yn gynnes ar ei gwar a'r awel ysgafn yn anadlu'n fwyn dros ei hwyneb. . .

Yna bu bron iawn i Jeannette syrthio'n bendramwnwgl oddi ar ei charreg. Roedd hi wedi gweld. . . oedd! *Roedd rhywbeth yn y dŵr!* Rhywbeth oedd wedi codi i'r wyneb o'r gwaelodion tywyll. . .

Caeodd ei llygaid gan eu gwasgu'n dynn, cyn eu hagor eto. . . a rhythu. Na, doedd dim dwywaith amdani, roedd yna anifail rhyfedd yn y llyn, gyda'i wddf hir yn codi o'r dŵr, a phen bychan, fflat, fel pen neidr.

Beth oedd o? Dyfrgi? Na – roedd Jeannette wedi gweld hen ddigon o ddyfrgwn i fedru adnabod un o'r rheini heb unrhyw amheuaeth. Aderyn? Na, doedd yna'r un aderyn mor fawr â hwn yn *Jurassic Park*, hyd yn oed.

Wrth iddi rythu arno'n geg-agored, dechreuodd y gwddf hir, tywyll suddo'n araf yn ei ôl o dan y dŵr, gan adael wyneb Loch Ness yn llonydd fel gwydr unwaith eto – a chalon Jeannette Ferguson druan yn carlamu fel ceffyl gwyllt.

6

Y Llyn

Ble'n union mae Loch Ness? Yn yr Alban, wrth gwrs, yw'r ateb syml, ac mae'n gorwedd mewn cwm anferth o'r enw Glen More. Os edrychwch yn fanwl ar fap o Brydain, mae Glen More i'w weld arno'n glir, yn estyn fel mwclis am 'wddf' yr Alban. Enw arall ar Glen More yw *The Great Glen*, y Cwm Mawr, cwm a naddwyd yn y ddaear gan dalpiau anferth o rew yn ystod Oes yr Iâ.

More, ond ar ôl agor y gamlas roedd hi'n bosib teithio am chwe deg milltir ar draws yr Alban – o Fôr y Gogledd yn y dwyrain i Gefnfor Iwerydd yn y gorllewin. Taith hyfryd a hamddenol oedd hon, gyda gwlad wyllt a hynod o hardd o'ch cwmpas. Roedd y daith yn cynnwys tri llyn, neu *loch*, sef Loch Ness, Loch Oich, a Loch Lochy.

Llyn Heb Ei Fath

Y llyn mwyaf o'r tri yw Loch Ness. Mae tref Inverness (sef 'prifddinas yr Ucheldiroedd') ym mhen dwyreiniol y llyn, a Fort Augustus yn y pen gorllewinol. Rhyngddyn nhw mae yna oddeutu pedair milltir ar hugain o ddŵr.

Mae Loch Ness yn ddwfn iawn. Mae ynddo fwy o ddŵr nag yn yr un llyn arall ym Mhrydain. Loch Lomond yw'r llyn mwyaf ym Mhrydain o ran maint, ond mae Loch Ness yn ddyfnach (mae Loch Morar yn ddyfnach fyth, ond nid yw hwnnw mor fawr â Loch Ness).

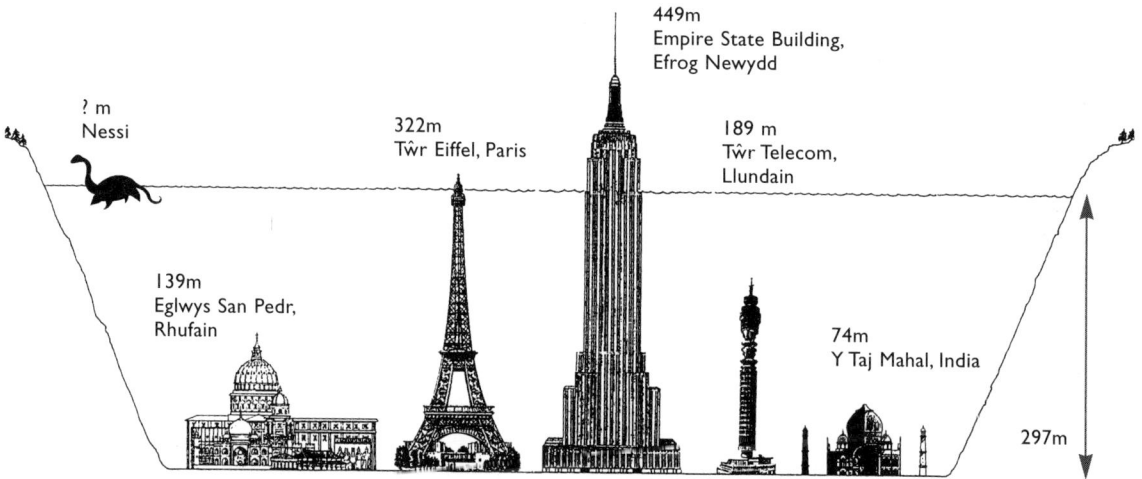

? m
Nessi

322m
Tŵr Eiffel, Paris

449m
Empire State Building, Efrog Newydd

189 m
Tŵr Telecom, Llundain

139m
Eglwys San Pedr, Rhufain

74m
Y Taj Mahal, India

297m

Tipyn o ddŵr! Dyfnder Loch Ness, o'i gymharu â rhai o adeiladau uchaf y byd.

Yn ei ganol mae Loch Ness. Yr afon Ness sy'n bwydo'r llyn, afon sy'n llifo drwy dref Inverness i mewn i fôr y *Moray Firth* yn y dwyrain.

Ym 1822 agorwyd Camlas Caledonia. Cynllunydd a pheiriannydd y gamlas hon oedd Thomas Telford, y dyn a adeiladodd y bont gyntaf dros y Fenai rhwng Ynys Môn a Gwynedd. Cyn hynny, ychydig iawn o ymwelwyr oedd wedi gweld harddwch Glen

Mae cryn anghytuno ynglŷn â gwir ddyfnder Loch Ness. Am flynyddoedd, y dyfnder swyddogol oedd 750 o droedfeddi (230 metr) – nes i long danfor fechan gyrraedd dyfnder o 820 troedfedd (250 metr) yno ym 1969. Mwy na hynny, roedd peiriannau'r llong danfor wedi cofnodi dyfnder o 975 troedfedd (297 metr) mewn un rhan o'r llyn.

Ochrau serth iawn sydd i Loch Ness, ac mae ei waelod yn wastad fel crempogen.

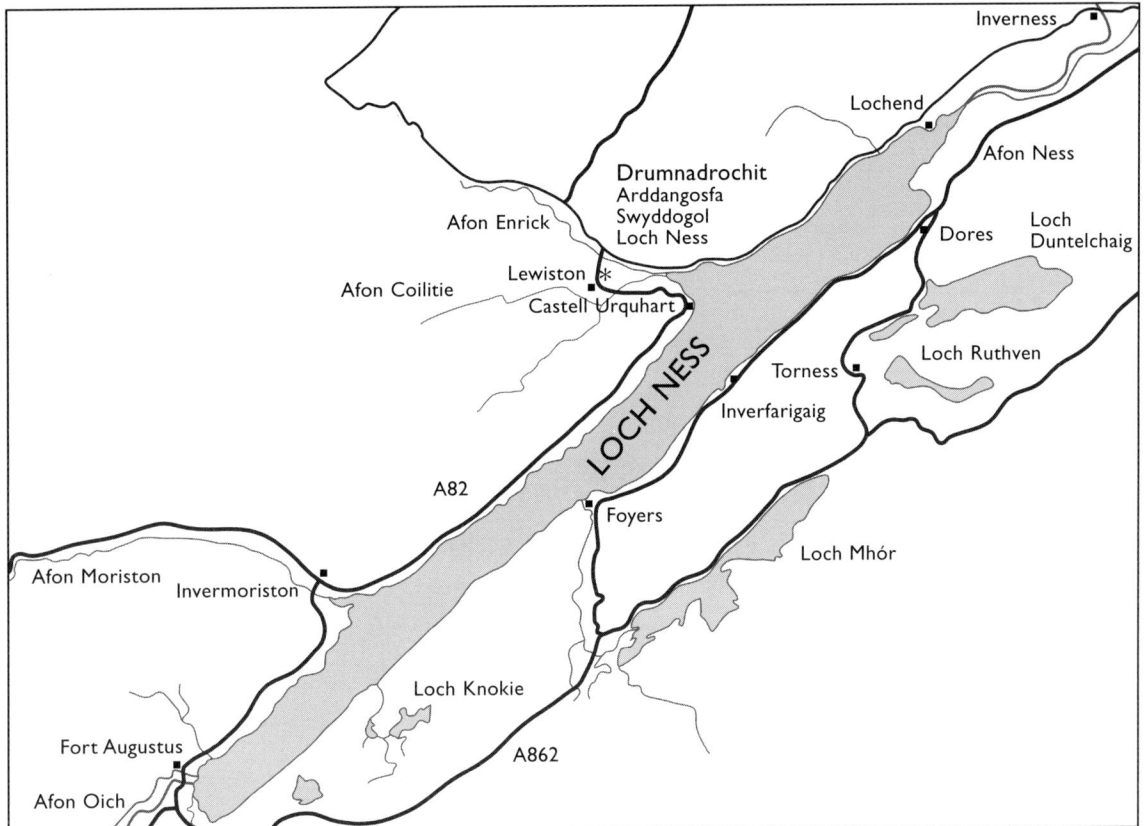

Lleoedd y byddwn yn ymweld â nhw ar ein taith o amgylch Loch Ness.

O ran ffurf, mae'n debyg iawn i fâth anferth. Ni fyddai'n beth doeth i neb drochi ei draed yn Loch Ness, oherwydd mae'r dŵr yn troi'n ddwfn yn sydyn iawn – byddai fel camu oddi ar silff uchel.

GORMOD O FAW(N)

Dŵr ffres a glân sy'n llenwi'r llyn, ond wedi dweud hynny mae'n ddŵr tywyll iawn, diolch i'r miliynau ar filiynau o ddarnau mân o fawn sydd ynddo. Pe baech yn ddigon dewr (neu'n ddigon gwirion!) i fentro nofio o dan y dŵr, ni fyddech yn gweld dim. Mae'n dywyll fel bol buwch yno. Hyd yn oed pe bai gennych dors cryf, ni fuasech yn gweld ymhell iawn o'ch blaen – dim mwy na rhyw hanner metr. Buasai'n union fel pwyntio'r tors at ddrych mewn ystafell dywyll, oherwydd ni fuasai'r dŵr yn gwneud dim ond taflu'r golau'n ôl atoch chi.

Gweithred wallgof o beryglus, yn wir, fuasai deifio sgwba yn nyfroedd Loch Ness.

Efallai fod hyn yn swnio'n wirion bost i chi, ond mae'n hawdd iawn i rywun 'golli ei ffordd' yn nüwch y dŵr. Mae mor dywyll yno, buan iawn y buasai unrhyw ddeifiwr yn anghofio pa ffordd yw i fyny a pha ffordd yw i lawr. Hawdd iawn fuasai camgymryd un am y llall, ac yn lle nofio'n ôl i wyneb y dŵr efallai'n wir mai nofio i lawr fuasech chi – i lawr ac i lawr ac i lawr.

Beth, felly, sy'n byw yn yr holl ddŵr yma? Wel – mae ynddo bysgod, rydyn ni *yn* gwybod hynny. Brithyll môr, brithyll brown, eogiaid, llyswennod (miloedd o'r rheini!), a hefyd bysgod o'r enw *Arctic Char* – rhyw greaduriaid go anghymdeithasol sy'n byw ac yn bod yn isel iawn dan wyneb y llyn.

Ie, ie, meddech chi – ond be *arall* sy'n byw yno? Hen bethau digon cyffredin yw pysgod.

Ond. . . hanner munud. . . os oes yna anifail mawr yn byw yn Loch Ness, yna beth yw ei fwyd?

8

Planhigion? Nage. Mae'r llyn yn rhy oer a thywyll i ganiatáu i unrhyw blanhigion dyfu a magu gwreiddiau dyfnion mewn llai na thair metr o ddŵr. Oherwydd hyn, ceir y rhan fwyaf o blanhigion yn agos iawn i'r glannau. Petai yna anifail mawr yn gwledda ar y rhain yn rheolaidd, yna buasai'n sicr o gael ei weld yn glir ac yn aml.

Pysgod mewn Perygl

Rhaid felly mai byw ar bysgod mae Nessi. Rydym i gyd wedi gweld pysgod yn neidio allan o ddŵr afon neu lyn, neu lun ohonynt o leiaf. Gan amlaf, rhyw un naid y maent yn ei rhoi, a dyna ni, cyn diflannu o dan y dŵr. Efallai eu bod yn neidio eto mewn man arall, ond pur anaml y maen nhw'n ymddangos fel petaen nhw'n sglefrio ar wyneb y dŵr.

Os nad ydyn nhw'n ddigon anffodus i fyw yn Loch Ness, hynny yw. Yma, mae'r eogiaid, yn enwedig, wedi cael eu gweld a'u cofnodi gan wyddonwyr yn rasio fel ffyliaid drwy'r dŵr, gan neidio i mewn ac allan ohono fel petai. . .

. . . fel petai yna rywbeth yn eu hela.

O Amgylch y Llyn

Rydym yn awr am fynd am dro o amgylch Loch Ness, gan ddefnyddio'r map gyferbyn – taith hyfryd iawn ar ddiwrnod braf. Tybed be welwn ni?

Cychwynnwn ein taith yn Inverness, ym mhen dwyreiniol y llyn. Mae'r afon Ness yn llifo trwy ganol y dref brysur hon, ac mae

Edrych allan dros y llyn o'r A82 i gyfeiriad Castell Urquhart.

yma ddigonedd o siopau, theatr, sinema, amgueddfa ac arddangosfa fechan am yr 'anghenfil' sy'n cynnwys ffilm ddigon difyr, ac sy'n gwneud y tro'n iawn fel cyflwyniad byr i'r llyn.

Wrth adael Inverness, mae gennym ddewis. Gallwn naill ai deithio ar hyd ffordd ddeheuol y llyn, sef yr A862, neu'r un ogleddol, yr A82. Fy hun, mae'n well gen i'r ffordd ogleddol, drwy Lochend ac ymlaen i gyfeiriad Drumnadrochit. Ffordd lydan, braf yw hon, ac yn raddol gwelwn yr afon Ness yn lledu wrth i ni yrru trwy Lochend, nes bo'r llyn ei hun yn agor fel môr ar ein hochr chwith. Credwch chi fi, mae'n olygfa hardd iawn – yn enwedig ar ddiwrnod braf o hydref pan fo'r dail yn newid eu lliw.

Y peth cyntaf sy'n ein taro yw pa mor fawr yw Loch Ness. Mae'n amhosib i ni weld yr holl ffordd i'w ben pellaf. Rydym hefyd yn rhyw ddechrau sylweddoli fod yma hen ddigon o le i anifeiliaid mawr ymguddio: yn sydyn, nid yw'r syniad yn ymddangos mor hurt bost â hynny.

Gan Bwyll!

Hyd yn oed os ydych yn un o'r bobl hynny sy'n wfftio at y syniad, rwy'n fodlon betio gyda chi na fedrwch deithio ar hyd y ffordd yma heb droi ac edrych ar y llyn. Mae'n syndod mawr nad oes yna ragor o ddamweiniau'n digwydd ar yr A82!

Fel arfer, mae fy ngwraig a minnau'n dadlau'n ffyrnig ynglŷn â phwy sy'n cael gyrru'r car, gan ein bod ni'n dau'n mwynhau gyrru, ond wrth deithio heibio i Loch Ness, rydym yn tueddu i ffraeo ynglŷn â phwy sy'n cael *peidio* gyrru: rydym ein dau eisiau syllu dros wyneb y llyn. Yr unig beth sy'n gallu bod yn niwsans llwyr yw'r coed sy'n tyfu mewn sawl man rhwng y ffordd a'r llyn. Er bod yna ddigonedd o leoedd parcio ar gael i chi aros ac edrych ar yr olygfa, nid yw'n bosib gweld y llyn drwy gydol yr amser.

Ond ta waeth – erbyn hyn rydym wedi gyrru heibio i westy newydd y *New Caledonian*, sydd â golygfeydd godidog dros y llyn, ac ar ein ffordd i bentref bach del Drumnadrochit. Mae yma ddwy arddangosfa, un anferth yn dwyn yr enw *The Official Loch Ness Monster Exhibition,* ac un llai yn y *Drumnadrochit Hotel.* Hon oedd yr un wreiddiol, gyda llaw, ac oddi yma gallwch fynd ar gwch ar draws y llyn yng nghwmni George Edwards, sydd yn fwrlwm

Yr arddangosfa swyddogol yn Drumnadrochit – lle difyr dros ben!

o straeon am y llyn a'r anifeiliaid. Taith awr yw hi, ac un hynod o ddifyr; gallaf ei hargymell yn frwd.

ARDDANGOSFA NESSI

Ond, i fod yn deg, mae'r arddangosfa 'swyddogol' yn un ddifyr iawn hefyd. Mae llais sylwebydd yn ein tywys o ystafell i ystafell wrth i ni olrhain hanes Loch Ness a'r holl straeon amdano. Gyda chymorth goleuadau ac effeithiau sain, deuwn i wybod cryn dipyn am y llyn hynod hwn, a'r unig drafferth wedyn yw bod rhywun yn ysu i fynd at y llyn ei hun gyda'i gamera.

Yn wir, gellir treulio diwrnod cyfan yn Drumnadrochit. Rhaid i mi ddweud, fodd bynnag, fod y lle'n brysur ofnadwy yn ystod misoedd yr haf, ac mae criw o bobl swnllyd yn gallu difetha holl effaith yr arddangosfa. Os rhywbeth, mae ymweld â'r arddangosfa

Ych a fi! Hen 'Nessi' mawr plastig ym maes parcio'r Drumnadrochit Hotel.

swyddogol a pheidio â gweld Nessi wedyn braidd fel ymweld â Disneyland heb gael cipolwg ar Mickey Mouse! Ond peidiwch â bod yn rhy siomedig os yw seren yr holl sioe'n gwrthod ymddangos – mae yna Nessi mawr plastig ym maes parcio'r arddangosfa. Ffiaidd o ddi-chwaeth, ond dyna fo.

Ffilm yw prif atynfa'r arddangosfa arall, ond mae'n ffilm well na'r un fer honno welson ni yn Inverness. Os yw'r tywydd yn rhy arw i ni fedru mynd ar y llyn gyda George, yna mae'n werth treulio rhyw hanner awr yn gwylio'r ffilm hon.

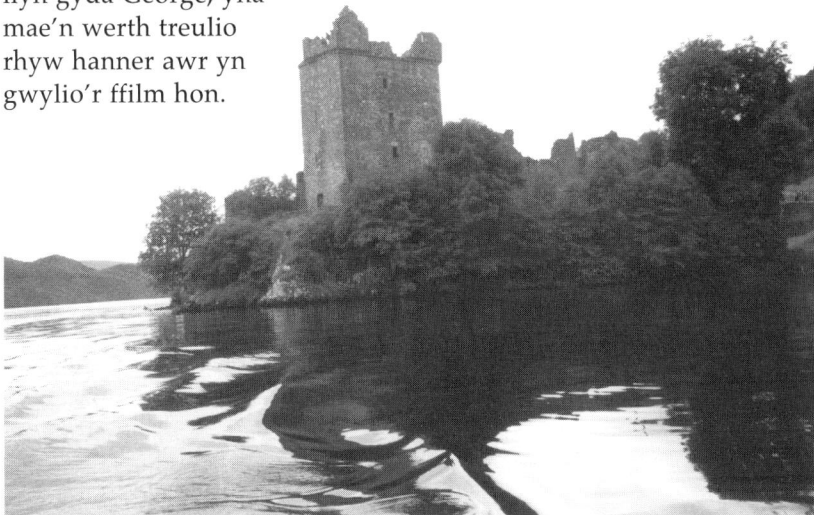

Castell Urquhart o'r dŵr – a'r hyn a welai Nessi pe bai'n digwydd codi'i ben.

CASTELL ENWOG

Prin filltir ar ôl gadael Drumnadrochit, deuwn at Gastell Urquhart. Yn sicr, mae mwy o luniau wedi cael eu tynnu o'r castell hwn nag o'r un castell arall ym Mhrydain, os nad y byd (ie, gan gynnwys castell Caernarfon!). Tynnwyd llun enwog o un o'r anifeiliaid yma ym 1955 (mwy am hynny'n ddiweddarach), a Bae Urquhart, lle mae'r dŵr ar ei ddyfnaf, yw un o'r mannau lle gwelwyd yr anifeiliaid amlaf.

Hanes go gythryblus sydd i'r castell hwn. Roedd caer yma yng Nghwm Urquhart yn ystod yr Oes Haearn, ond ni chodwyd castell yma tan ddyddiau'r brenin *William the Lion* (1165-1214). Dros y canrifoedd bu'r castell yn newid dwylo wrth i un gelyn ar ôl y llall ymosod arno. Pam? Wel, cwm hyfryd iawn

yw Glen Urquhart, gyda phridd ffrwythlon a digonedd o goedwigoedd yn llawn caerau o'i gwmpas; ac o furiau'r castell, gyda'i olygfeydd godidog dros Loch Ness, gellir gweld unrhyw elyn yn dod o bell.

Heddiw, rhaid talu i fynd i weld y castell, ac yn ystod misoedd yr haf mae yna bibydd yn perfformio yn y maes parcio. Dyn clên iawn yw'r pibydd, ac mae yntau – fel y mwyafrif o'r bobl leol – wedi gweld un o anifeiliaid y llyn. Os cawn ni gyfle, yna mae'n werth treulio rhyw bum munud bach yn sgwrsio ag ef, os ydym am glywed ei stori.

BRRRR!

Mae Castell Urquhart wedi'i oleuo yn ystod y nos, a gellir ei weld yn glir o ochr bellaf y llyn. Ers yn gymharol ddiweddar, fodd bynnag, mae'r castell yn cau ar ddiwedd y prynhawn. Mae hyn yn anffodus oherwydd, yn fy marn i, fin nos yw'r amser gorau i ymweld ag ef. Gellir dilyn llwybr bychan i lawr at draeth cul a charegog, ac yma, yng nghysgod adfeilion hynafol y castell, gyda'r llyn yn ddu ac yn llonydd fel gwydr o'ch blaen, y gellir profi effaith iasol Loch Ness gryfaf.

Castell Urquhart yn y nos – lle sbŵci!

Mae'r rhan fwyaf o'r ymwelwyr wedi dychwelyd i'w gwestai, a does neb o gwmpas i darfu ar dawelwch y lle. Efallai bod ambell gar i'w glywed yn gyrru heibio, ond mae'r ffordd fawr o'r golwg yn uchel y tu ôl i chi. Bron na fedrwch deimlo'r tawelwch yn cau amdanoch chi fel niwl. Hawdd iawn yw dychmygu rhyw anghenfil mawr yn codi o'r dŵr, yn enwedig o gofio mai yn gynnar yn y bore ac ar fin nos fel hyn y mae'r pysgod yn bwyta. Dyma'r adegau gorau o'r dydd i bysgota. . .

Yn sydyn, mae traeth Urquhart yn teimlo'n fach iawn, a'r llyn yn edrych yn fwy ac yn dywyllach nag erioed. Felly, gan geisio anwybyddu'r croen gŵydd ar ein breichiau, rydym yn dringo yn ein holau i fyny'r llwybr ac i'r maes parcio cyn gyrru yn ein blaenau am Fort Augustus.

CAER AUGUSTUS GREULON

Yr enw gwreiddiol ar Fort Augustus oedd Kilcumein, sef 'eglwys Cumein' – mae'r *Kil* yn yr enw'n golygu'r un peth â Llan mewn enwau Cymraeg. Un o ddilynwyr Sant Columba oedd Cumein, ond mab i'r brenin Siôr II oedd William Augustus. Dyn creulon iawn oedd hwn, a phan oedd y Saeson yn chwilio'r wlad am Bonnie Prince Charlie, gorchmynnodd Augustus ei ddynion i ladd cannoedd o bobl lleol a llosgi eu cartrefi'n ulw. Bu'n rhaid i nifer ffoi i'r mynyddoedd, lle buont farw o newyn.

Lle prysur iawn yw Fort Augustus heddiw, ond man tawel a heddychlon iawn yw'r hen Abaty sy'n sefyll ar lan Loch Ness. Tan yn ddiweddar, ysgol fonedd i fechgyn oedd Abaty Sant Benedict, sy wedi'i godi yn yr union fan lle gynt y safai caer William Augustus.

Yma mae'r Tad Gregory Brusey yn byw, dyn mwyn a chwrtais tu hwnt sy wedi ymddangos ar y teledu droeon yn adrodd hanes y diwrnod hwnnw ym 1971 pan welodd o anifail anferth yn nyfroedd Loch Ness. Cawn fwrw golwg dros yr hanes yma'n ddiweddarach.

Os oes amser gennym, yna gallwn fynd ar daith fechan i fyny'r llyn ar gwch y *Royal Scot* gyda Ricky MacGregor. Mae yntau hefyd

Abaty Sant Benedict yn Fort Augustus.

wedi gweld Nessi, ond peidiwch â gofyn iddo adrodd yr hanes o flaen criw o bobl ddieithr – gall fod yn reit swil ynglŷn â hyn.

TROI'N ÔL

Rydym yn awr wedi cyrraedd hanner ffordd ar ein taith o gwmpas Loch Ness, ar ôl gyrru o un pen i'r llall. Mae'n amser i ni rŵan gychwyn yn ôl am Inverness, ond ar hyd y ffordd ddeheuol, sef yr A862.

Nid yw'r ffordd fawr yma'n dilyn glannau'r llyn bob cam i Inverness. Yn hytrach, mae'n dringo i fyny'n uchel a serth, drwy Glendoebeg, dros waun a rhos a heibio i nifer o lynnoedd bychain, oer ac anial eu golwg, am bedair milltir ar ddeg nes iddi ddisgyn unwaith eto am bentref Foyers a glannau'r llyn. Ffordd gul a throellog ar y naw yw hon, ac mae angen pwyll wrth yrru ar ei hyd. Mae'n beth da felly nad yw'r llyn i'w weld ohoni i ddenu sylw gyrrwr ein car! Hen ffordd filwrol yw hon a adeiladwyd gan y Cadfridog Wade a'i ddynion oddeutu 1731; yn ôl y sôn, gwelwyd dau 'Lefiathan' – neu forfil – yn y llyn gan rai o'r milwyr oedd yn gweithio ar y ffordd.

Mae'n werth oedi yn Foyers er mwyn ymweld â'r rhaeadr hardd. *Eas na-smud* yw'r enw Gaeleg am y rhaeadr, sef 'rhaeadr y mwg', cyfeiriad at y ffaith fod y dŵr yn aml yn edrych fel mwg.

Roedd yma weithfeydd alwminiwm hyd at 1967, ond erbyn heddiw gwaith trydan-dŵr sydd yma. Cyflogwyd oddeutu pum cant o ddynion pan adeiladwyd y gwaith trydan, ac yn ôl Nicholas Witchell yn ei lyfr gwych *The Loch Ness Story*, gwelwyd anifeiliaid Loch Ness ar sawl achlysur gan y gweithwyr hyn.

ARAF! NESSI AR Y FFORDD

Mae'r ffordd yn newid ei henw a'i rhif i'r A852 wrth i ni adael Foyers. Teithio'r ydym am bentref Dores, gan ddilyn glannau'r llyn, a gwelwyd anifeiliaid Loch Ness sawl gwaith o'r ffordd yma. Yn wir, gwelwyd un ohonyn nhw *ar* y ffordd ar un achlysur, fel y cawn ddarllen eto.

Mae sawl man cyfleus ar y ffordd yma i ni stopio'r car a mynd allan ac i lawr at lannau'r llyn. Gyferbyn â ni, tua milltir ar draws y dŵr, gallwn weld Castell Urquhart yn glir –

Y traeth ger pentref Dores. Mae Nessi wedi cael ei weld droeon o'r fan hon.

yn enwedig os yw hi wedi dechrau tywyllu, gan ei fod wedi'i oleuo i gyd erbyn hyn.

A dyna ni – fwy neu lai – yn ein holau yn Inverness. Be welson ni ar ein taith? Pethau hynod o ddifyr, do, ond a welson ni 'anghenfil' y llyn?

Go brin, os na fuon ni'n lwcus ofnadwy. Anifeiliaid swil ar y naw yw trigolion Loch Ness, gan ymddangos dim ond o bryd i'w gilydd o un ganrif i'r llall, fel y cawn weld yn y bennod nesaf.

DIM OND CHWEDLAU?

Mae chwedlau'r hen Geltiaid yn frith o
straeon am greaduriaid mawr a rhyfedd a
oedd yn byw mewn llynnoedd ac afonydd.
Yma yng Nghymru, mae
gennym ni sawl
stori am
Dylwyth

Y Ceffyl Dŵr yn
cludo bachgen
anffodus i
waelodion y llyn.

Teg
oedd
wrth eu
boddau'n denu rhyw
greadur anffodus i mewn i'r
dyfroedd atyn nhw. Yn chwedl Llyn y Fan
Fach, er enghraifft, cawn hanes gŵr ifanc
aeth mor bell â *phriodi* un o'r Tylwyth Teg
gwlyb hyn – ac o waelod llyn, cofier, y daeth
Caledfwlch, cleddyf enwog y Brenin Arthur.

Ac mae gennym straeon am y ceffyl dŵr.

Y CEFFYL DŴR

Dychmygwch am funud eich bod yn ôl yn
nyddiau'r hen Geltiaid, tua dwy fil o
flynyddoedd yn ôl, cyn bod dinasoedd mawr
fel Llundain a Chaerdydd yn bodoli, a phan
oedd yna fleiddiaid ac eirth yn prowla'n
wyllt drwy holl goedwigoedd Prydain.

Un bore braf, dyma benderfynu mynd am
dro ar hyd glannau llyn neu afon. Yno'n pori
ac yn yfed mae'r ceffyl harddaf welsoch chi
erioed. Ceffyl gwyllt yw hwn, ond nid yw'n
carlamu i ffwrdd wrth i chi nesáu ato; nid yw
chwaith yn prancio'n ffyrnig wrth i chi
ddringo i fyny ar ei gefn.

Popeth yn iawn hyd yma.
Mae'r ceffyl hwn yn un hawdd iawn ei
farchogaeth, felly i ffwrdd â chi ar garlam o
amgylch y llyn. Nid oes cyfrwy na dim byd
o'r fath gennych, ac mae'n rhaid i chi afael yn

y ceffyl gerfydd ei fwng. Yn sydyn, rydych yn sylweddoli fod y mwng yn wlyb socian, a bod yna hen chwyn gwyrdd yn tyfu ynddo – chwyn sydd fel arfer ond i'w cael ar waelodion llynnoedd ac afonydd.

Ceffyl dŵr yw'r ceffyl!

Cyn i chi fedru agor eich ceg i sgrechian, mae'r ceffyl yn carlamu i mewn i'r llyn, gan eich llusgo chwithau gydag ef i'w waelodion oer, a dyna'r tro olaf i chi weld golau dydd.

Hen driciau fel yna oedd gan y ceffylau dŵr.

Y BWYSTFIL DU, BARUS

Nid yng Nghymru yn unig yr oedd y ceffylau dŵr i'w cael. Roedden nhw'n frith yn yr Alban hefyd, yn ôl y chwedlau, a'r enw amdanyn nhw yno oedd *kelpie* – neu *Eioach Uisghe* yn yr iaith Gaeleg ('Eshwsga' yw'r ffordd gywir o ynganu'r enw yma).

Roedd *kelpie* yn byw ym mhob llyn bron. Yn wahanol i'r ceffyl dŵr Cymreig, nid oedd yn edrych fel ceffyl hardd. Yn hytrach, bwystfil mawr gyda chefn du oedd y *kelpie* –

a gwae chi petaech yn dod ar draws un! Doedden nhw ddim yn eich hudo i mewn i'r dŵr fel ein hen geffylau Cymreig ni – o, na. Roedd y *kelpie* yn codi'n ddirybudd o ddŵr y llyn a'ch llusgo i mewn!

Mae'r gred am y *kelpie* wedi parhau'n hwy o lawer yn yr Alban na'r gred Gymreig am y ceffyl dŵr. Ceir cryn dipyn o sôn amdano yn nofelau Sir Walter Scott (1771-1832), y dyn a ysgrifennodd *Ivanhoe*, ac yng ngherddi'r bardd James Hogg. Hyd at droad yr ugeinfed ganrif roedd llawer o bobl Ucheldiroedd yr Alban yn mynnu fod y *kelpie* yn fyw ac yn iach, a pheth cyffredin iawn oedd i blant gael eu rhybuddio gan eu rhieni rhag chwarae ar lannau llyn neu afon – rhag ofn i'r bwystfil hwn eu cipio.

Dyna ffordd wych o sicrhau nad oedd yr un plentyn yn mentro'n rhy agos at ddŵr! Rhaid dweud, fodd bynnag, fod y syniad o rywbeth mawr yn codi o'r dyfnderoedd gyda'r bwriad o'ch llusgo'n ôl i'r dŵr yn ei safnau yn un brawychus iawn.

Er enghraifft, gwrthododd cannoedd ar

Y *Kelpie* yn troi chwarae ger y llyn yn chwerw iawn!

filoedd o bobl ledled y byd fynd i ymdrochi pan ddangoswyd y ffilm *Jaws* yn y sinemâu.

PERYGL Y LLYNNOEDD

Mae yna siarcod peryglus yn y môr, rydym i gyd yn gwybod hynny. Dim ond chwedlau yw'r straeon am y *kelpie*.

Yntê?

Wel, ie, wrth gwrs. Ond mae'n rhyfedd fel y maen nhw wedi parhau cyhyd. Yn ei lyfr *In Search of Lake Monsters,* mae Peter Costello yn adrodd sawl hanes am y *kelpie* – nid chwedlau llafar gwlad, ond adroddiadau gan bobl yn honni iddynt weld y bwystfilod yma mewn gwahanol lynnoedd yn yr Alban. Dyma rai disgrifiadau ohonyn nhw:

. . . *a terrible beast, as big as a greyhound* – Loch Garloch, Argyle, 1527. (Milgi – ?! Rhaid bod yna filgwn od ar y naw yn yr Alban bryd hynny.)

. . . *that terrible and most powerful monstrous beast* – Lochaber, Ardgour, 1590, ac eto ym 1644: . . . *the first inhabitants dwelling. . . were chased thence by a monster.*

. . . *there was one monstrous fish. . . would stand above the water as high as the mast of a ship* – Lochffyne, 1570.

. . . *a wild beast, a sea horse* – Loch na Mna, Ynysoedd yr Hebrides, 1773.

. . . *that unaccountable being, the water-horse* – Loch Vennachair, 1800.

. . . *a monster. . . more like a cow or a horse* – Loch Cauldsheilds, 1815.

. . . *its head resembled that of a horse* – Loch Arkaig, 1857.

Rhywbeth tebyg i geffyl eto yn Loch Duvat, Eriskay, ym 1897, . . . *but in size it appeared larger than a common Eriskay pony.*

Ac yn olaf, Loch Oich, sy drws nesaf i Loch Ness: . . . *a huge beiste in the shape of a deformed pony* (oddeutu 1934).

OICH! ANGHENFIL!

Nid Loch Ness yw'r unig lyn o bell ffordd, felly, sy'n gartref i fwystfilod go frawychus. Mae'r disgrifiad uchod o fwystfil Loch Oich yn ddifyr iawn. Yn wir, ceir sawl stori am 'anghenfil' o ryw fath yn byw yn y llyn yma, ac yn ei lyfr mae Peter Costello yn cynnwys cyfweliad gyda'r dyn oedd yn gweithio fel ceidwad y llifddorau rhwng Loch Oich a Loch Ness.

Roedd y dyn yma, yn ôl y sôn, wedi gweld un o'r anifeiliaid rhyfedd hyn yn mudo o un llyn i'r llall. 'An animal six feet long, something like an otter, but much larger' yw'r disgrifiad ohono.

Tybed ai un o greaduriaid Loch Ness, wedi mynd ar goll, oedd bwystfil Loch Oich?

Rŵan – Loch Ness ei hun. Fel y cawn weld yn y bennod nesaf, yn y flwyddyn 1933 y daeth y byd i gyd i glywed am Loch Ness, ond roedd yna straeon yn bodoli am y llyn enwog yma ers canrifoedd lawer cyn hynny.

STORI SANT COLUMBA

Y flwyddyn 565 Oed Crist oedd hi, ac roedd Sant Columba ar ei ffordd i Inverness i weld Brude, Brenin y Pictiaid. Un o'r Iwerddon oedd Columba yn wreiddiol, ac ef oedd yr un ddaeth â'r grefydd Gristnogol i'r Alban gyntaf erioed.

Wrth iddo gerdded ar hyd glannau'r afon Ness, daeth Columba ar draws angladd rhyw ddyn anffodus oedd wedi cael ei ladd gan yr 'anghenfil'. Gwelodd y sant fod cwch y dyn druan wedi'i adael yn y dŵr, a gofynnodd i un o'i weision a fyddai mor garedig â nofio at y cwch a'i rwyfo'n ôl i'r lan.

Rhaid i mi gyfaddef, sant neu beidio, ofnaf y buaswn i wedi dweud wrth yr hen Golumba lle i fynd – gyda chorff dyn oedd newydd gael ei frathu i farwolaeth gan yr anghenfil wrthi'n cael ei gladdu o'm blaen! Ond rhaid bod y gwas yma un ai'n ddewr iawn, neu'n wirion bost, oherwydd neidiodd i mewn i'r dŵr a nofio at y cwch.

Doedd y gwas ddim wedi mynd ymhell iawn, fodd bynnag, cyn i'r anghenfil godi o'r dyfnderoedd. . . 'and moving towards the man rushed up with a great roar and open mouth'.

Cododd Columba'i law, tynnodd lun o'r Groes yn yr awyr, a gorchmynnodd yr anghenfil i beidio â symud yr un fodfedd ymhellach, i beidio â chyffwrdd yn y gwas, ac i ddychwelyd i'r dyfnderoedd yn syth bin. Yn ôl Adamnan, croniclydd yr hanes, mi gafodd yr anghenfil cymaint o fraw o glywed llais y sant nes iddo ddiflannu heb oedi dim. Nofiodd y gwas yn ei flaen mewn heddwch,

Sant Columba yn
dofi anghenfil y llyn.

gan ddringo i mewn i'r cwch a rhwyfo'n
ddiogel yn ei ôl i'r lan.

DIM DYFNDER

Yr hanes yma am Sant Columba, felly, yw'r
cyntaf sydd gennym am Nessi. Yn awr, dw i
am ddifetha'r cwbl i chi.

Dau beth a'm trawodd i o ddarllen y stori
uchod. Yn gyntaf, sylwer mai ar lannau'r *afon*
Ness y digwyddodd hyn, nid ar lannau Loch
Ness ei hun. Mae'n wir fod yr afon Ness yn
un go lydan, ond dydi hi ddim yn un ddofn
o gwbl. Go brin ei bod yn un ddofn bedair
canrif ar ddeg yn ôl chwaith – yn sicr, doedd
hi ddim yn ddigon dwfn i fod yn gartref i
'anghenfil' oedd yn gallu codi i fyny 'o'r
dyfnderoedd'.

A GORMOD O SŴN

Yn ail, dydy'r disgrifiad o'r bwystfil ddim yn
taro deuddeg. Cofiwch ei fod eisoes wedi
brathu un dyn i farwolaeth, a phan geisiodd
y gwas nofio at y cwch, roedd yr anghenfil
wedi rhuthro amdano '. . . *with a great roar
and open mouth'*.

Yn yr holl adroddiadau sydd i'w cael am
Nessi, does yna ddim sôn yn unman
amdano'n rhuo – nac yn cynhyrchu unrhyw
fath o sŵn, a dweud y gwir. Fel y cewch
weld, creaduriaid hynod o swil yw trigolion
Loch Ness. Pur anaml y maent yn cael eu
gweld, a dydyn nhw *byth* yn tynnu sylw atyn
nhw'n hunain drwy ruo fel llewod.

A hyd y gwn i, dydyn nhw erioed wedi
bwyta neb yn fyw.

Yr hyn a ddigwyddodd go iawn, mae'n
debyg, yw fod Adamnan, wrth ysgrifenu'r
stori hon, eisiau dangos i'w ddarllenwyr fod
gan Sant Columba bŵer dros anifeiliaid.
Roedd hyn yn beth cyffredin iawn mewn
hanesion am yr hen seintiau, a chan fod yna
ddigonedd o chwedlau am y *kelpie* yn yr
Alban, pa well ffordd o ddangos fod
Columba'n dipyn o foi na stori amdano'n
dofi un o'r bwystfilod?

Wedi dweud hynny, mae'n stori ddigon
difyr, ac yn fan cychwyn cyfleus i ni fynd ati
i fwrw golwg mwy manwl dros hanes
dirgelwch Loch Ness.

17

Ymwelwyr, Deifwyr a Physgotwyr

Fel rydym newydd weld, mae gan lawer iawn o lynnoedd yr Alban hen chwedlau am angenfilod brawychus yn byw yn eu dyfnderoedd. Ond yr hyn sy'n ddiddorol yw bod y rhan fwyaf o'r straeon hynny wedi lleihau dros y blynyddoedd – os nad wedi marw'n gyfan gwbl – tra bod y straeon am Loch Ness wedi tyfu mewn nifer, nes erbyn heddiw. . . wel, fe gewch weld.

Nessi'n Dal Ati

Tua'r flwyddyn 1520, bu gŵr o'r enw 'Fraser of Glenvackie' yn ymladd yn erbyn draig anferth, gan ei lladd. Y dyn yma, yn ôl yr hanes, laddodd y ddraig olaf yn yr Alban ond, meddai'r hanesydd ar y pryd: '. . . *no one has yet managed to slay the monster of Loch Ness, lately seen'*.

Yn ddiweddarach, yn ystod blynyddoedd y Rhyfeloedd Cartref ym Mhrydain (1642-1651), gwelwyd yr 'anghenfil' gan Richard Franck, milwr ym myddin Oliver Cromwell:

'. . . *the famouse Lough Ness, so much discours'd for the supposed "floating island", for here it is, if anywhere in Scotland.'*

'*Floating island.* . .' – tybed ai cefn un o'r anifeiliaid a welodd y milwr hwn?

Gwelwyd un o'r anifeiliaid ddwywaith rhwng 1600 a 1700 (i ni wybod amdanynt, hynny yw), ac yn ôl un llyfr anhysbys a gyhoeddwyd ym 1769, gwelwyd *dau* ohonyn nhw'r un pryd rywbryd yn ystod y ddeunawfed ganrif.

Y broblem yw, mae'n amhosib cael gafael ar gopi o'r llyfr hwn, felly teg yw nodi fod yna

18

amheuaeth a yw erioed wedi bodoli o gwbl. (Mi welwch chi fod yna amryw o broblemau fel hyn yn hanes Loch Ness.)

'Bwystfil Mawr Erchyll'

Gwelwyd yr anifeiliaid eto sawl gwaith yn ystod y bedwaredd ganrif ar bymtheg – ddigon o weithiau i'r *Glasgow Evening News* sôn amdanynt ym 1896. Serch hynny, tipyn o gyfrinach leol oedd Nessi. Roedd y bobl lleol yn gyndyn iawn o sôn am y bwystfilod rhyfedd oedd yn byw ar garreg eu drws.

Ond erbyn hyn, wrth gwrs, roedd Camlas Caledonia wedi agor, a nifer o bobl enwog iawn wedi teithio ar ei hyd – pobl fel y Frenhines Victoria a'r Tywysog Albert, a llenorion fel J.M.Barrie, awdur *Peter Pan*. Roedd Loch Ness yn dechrau dod yn boblogaidd iawn gydag ymwelwyr. Yn hwyr neu'n hwyrach, roedd rhywun yn sicr o sôn am yr anifeiliaid.

A sôn wnaethon nhw – er nad oedd neb bryd hynny chwaith wedi llwyddo i weld Nessi yn glir iawn. Ceir disgrifiadau go amrywiol o'r anifeiliaid: '*the salamander'* (rhywbeth tebyg i fadfall mawr); '*the biggest eel I ever saw in my life';* '*. . . had a neck like a horse, and a mane somewhat similar';* '*it was like a huge serpent'* – heb sôn am yr '*horrible great beastie',* sef y disgrifiad mwyaf poblogaidd.

Dw i ddim am eich diflasu drwy restru pob un wan jac o'r adroddiadau hyn; dw i ddim eisiau i chi ddechrau gweld angenfilod eich hunain yn eich cwsg. Ond mae yna un hanes sy'n fwy dramatig na'r lleill.

'Broga Enfawr'

Yn y flwyddyn 1880, roedd llong wedi suddo yng ngheg Camlas Caledonia yn Fort Augustus (lle gwelodd Jeannette Ferguson, y sonnir amdani ym Mhennod 1, ei hanifail hi) a danfonwyd deifiwr i lawr i archwilio'r llong. Duncan MacDonald oedd ei enw, ac yn fuan ar ôl iddo ddiflannu dan y dŵr dychwelodd Duncan i'r wyneb yn wyn fel blawd ac yn crynu fel jeli. Roedd o'n amlwg wedi dychryn am ei fywyd.

Pam? Gwrthododd ddweud am rai dyddiau, ond yn y diwedd, ar ôl swnian di-ben-draw gan bawb, ildiodd. Dywedodd fel y bu'n archwilio ochr y llong pan welodd anifail mawr yn gorwedd ar silff o graig, lle'r oedd gweddillion y llong wedi setlo. (Ac o gofio fod dŵr Loch Ness mor dywyll â'r fagddu, rhaid fod Duncan wedi mynd yn agos iawn at yr anifail, neu ni fyddai fyth wedi'i weld.) *'It was a very odd-looking beastie, like a huge frog.'*

Gwrthododd Duncan MacDonald ddeifio yn Loch Ness ar ôl hynny. Fy hun, wela i ddim bai arno o gwbl.

Y deifiwr Duncan MacDonald yn dychryn am ei fywyd.

STORI'R PYSGOTWR

Mae'n amhosib dweud faint o bobl sy wedi gweld rhywbeth yn nyfroedd Loch Ness. Mae'n sicr fod dwsinau, os nad cannoedd, o adroddiadau heb gael eu croniclo o gwbl. Yn ôl un cyfaill i mi sy'n byw wrth y llyn ac yn gweithio arno (ac sydd, gyda llaw, wedi gweld yr 'anghenfil' wyth gwaith ei hun), mae'r pysgotwyr lleol yn gweld yr anifeiliaid yn aml iawn.

Y tro cyntaf i mi a'm gwraig ymweld â'r Alban, roeddem yn aros mewn gwesty yn nhref Inverness ei hun. Wrth gwrs, un o'r pethau cyntaf a ofynnais i'r perchennog oedd a oedd o'n credu ym modolaeth Nessi.

Mae'n rhaid dweud, roeddwn yn disgwyl iddo ddweud 'Ydw' pendant, efallai gyda gwên fechan a'i dafod yn ei foch; wedi'r

cwbl, roedd y dyn yn dibynnu ar ymwelwyr i gael dau ben llinyn ynghyd.

Ond ateb go bwyllog a gefais ganddo.

'Doeddwn i ddim yn credu ynddo fo o gwbl,' meddai. 'Nonsens pur oedd y cyfan i mi.'

Beth, tybed, a ddigwyddodd i beri iddo newid ei feddwl?

'Daeth cyfaill i mi i mewn i'r bar yma tua deufis yn ôl,' meddai. 'Creadur reit uchel ei gloch ydy hwn fel arfer, ond y noson honno roedd o'n dawel iawn. Gofynnais iddo beth oedd yn bod arno, ond roedd o'n gyndyn iawn o ddweud. Ond ar ddiwedd y noson, pan doedd ond y fo a fi ac un neu ddau o bobl leol ar ôl yma, dyma fo'n cyfaddef iddo weld Anghenfil Loch Ness.'

Yn ôl perchennog y gwesty, roedd ei gyfaill allan mewn cwch yn pysgota am eog yn gynnar y bore hwnnw, pan welodd gefn mawr du yn codi o'r dŵr ychydig lathenni'n unig o'i gwch. Roedd yn ddigon agos i'r pysgotwr fedru gweld y dŵr yn llifo'n ffrydiau oddi arno.

'Dim ond codi, a suddo'n ei ôl fwy neu lai'n syth,' meddai dyn y gwesty wrthyf. 'Fel ton. Er bod y peth yn symud oddi wrth y cwch, fe gipiodd fy nghyfaill ei rwyfau a'i g'leuo hi fel cath i gythrel am y lan.'

Do, mae'n debyg. Ond tybed, meddwn, mai dim ond ton a welodd y pysgotwr mewn gwirionedd, a bod golau twyllodrus y bore bach wedi'i berswadio mai rhywbeth arall – rhyw anifail – oedd yno?

Ysgwyd ei ben wnaeth perchennog y gwesty. 'Dyna'r peth cyntaf ofynnais innau hefyd,' meddai, 'ond roedd yn fore llonydd, braf, a'r llyn fel gwydr. Doedd dim tonnau ar yr wyneb o gwbl – a siawns fod pysgotwr profiadol yn adnabod ton pan fo'n gweld un.'

Gwir. Ond siawns fod perchennog gwesty'n adnabod stori dda pan fo'n clywed un, hefyd. Ysgwn i wrth faint o bobl yr oedd o wedi adrodd yr hanes yma?

MEDDWL AGORED

Rhaid gofyn hen gwestiynau cas fel hyn wrth drafod dirgelwch Loch Ness, mae arna i ofn. Rhaid cadw meddwl agored hefyd. Efallai fod y stori hon yn wir bob gair (a hoffwn i feddwl ei bod hi), ond rhaid ystyried y posibilrwydd mai ffrwyth dychymyg perchennog y gwesty ydy hi. Tybed a fyddai wedi ei hadrodd wrthyf petawn i heb ei holi yn y lle cyntaf? Roedd yn amlwg iddo fod gen i ddiddordeb yn Nessi, ac efallai nad oedd ond wedi dweud wrthyf yr hyn yr oeddwn eisiau'i glywed.

Fel y cyfaill yn y gwesty, felly, pysgotwyr lleol gan amlaf oedd yr unig rai i weld anifeiliaid Loch Ness am ganrifoedd.

Yn y flwyddyn 1933, fodd bynnag, newidiodd y sefyllfa'n gyfan gwbl. Erbyn diwedd 1933, roedd y *Loch Ness Monster* yn fyd-enwog – ac nid yw'r creadur druan wedi cael munud o lonydd ers hynny.

PENNOD 5

1933

Y flwyddyn 1933 yw'r un fwyaf arwyddocaol yn hanes Loch Ness.

Cyfnod helbulus iawn oedd tridegau'r ugeinfed ganrif. Dyna pryd yr oedd Adolf Hitler yn brysur yn ennill cefnogaeth frwd draw yn yr Almaen, ac yn paratoi ar gyfer rhyfel enfawr ledled y byd. Roedd yna filiynau o bobl yn ddi-waith, yn America ac yma ym Mhrydain.

Ychydig iawn o newyddion da oedd i'w cael gan y papurau newydd a'r radio, felly, ym 1933. Roedd ar bobl angen rhywbeth go wahanol a syfrdanol i'w helpu i anghofio'u problemau am ychydig bach.

CLIRIO'R FFORDD

I fyny yn yr Alban, ar hyd glannau Loch Ness, roedd yna gryn brysurdeb. Pan gychwynnon ni ar ein taith o gwmpas y llyn ym Mhennod 2, cychwyn ar hyd ffordd yr A82 wnaethon ni.

Cyfeirir at y ffordd hon yn aml mewn llyfrau am Nessi fel y 'ffordd newydd'. Yn wir, mae rhai o brif awduron y pwnc yn sôn amdani fel petai'n ffordd newydd sbon. Er enghraifft:

'*Along the northern shore of Loch Ness the new road was being completed. . .*' medd Nicholas Witchell yn *The Loch Ness Story*. Ac yn y llyfr sy bellach yn glasur prin, *More Than a Legend*, dyma beth sydd gan Constance Whyte i'w ddweud:

'*Before the year 1933 no motor road existed beside Loch Ness. . . During the period 1933 to 1936 a magnificent motor road was blasted out of the rock on the northern side.*'

Nid yw hyn yn wir, mae arna i ofn. Roedd yna ffordd yn bodoli yma ers blynyddoedd lawer cyn 1933 – yn wir, ers cyn diwedd y ddeunawfed ganrif, yn ôl rhai mapiau hynafol. *'Tourists and motor vehicles had been passing along it well before 1933,'* medd Ronald Binns yn ei lyfr *The Loch Ness Mystery Solved.*

GOLWG AR NESSI

Pam, meddech chi, ydw i'n gwneud ffasiwn fôr a mynydd o hyn?

Wel, nid y fi yw'r unig un. Mae nifer o awduron wedi honni fod y gwaith o 'greu' y ffordd 'newydd' hon wedi amharu ar anifeiliaid y llyn, ac mai dyna pam fod cyn lleicd ohonyn nhw wedi cael eu gweld cyn 1933. Hefyd, medden nhw, roedd nifer helaeth o'r coed y cyfeiriais atynt ym Mhennod 2, ac sy bellach wedi aildyfu ar hyd y glannau rhwng y ffordd a'r llyn, wedi cael eu clirio'n helaeth wrth i'r ffordd hon gael ei hadeiladu. Canlyniad hyn wrth gwrs oedd fod cryn dipyn mwy o'r llyn i'w weld yn glir o'r A82 am y tro cyntaf ers blynyddoedd – *'a splendid and uninterrupted view of the loch such as had never before been possible'*, yw geiriau Constance Whyte. *'The use by strangers of this twenty-four miles of highway, together with a general increase in the number of travellers, is a substantial reason for the sudden publicity accorded to the Monster. . . then gradually reports became less frequent; trees and bushes grew up again, obscuring much of the loch from view.'*

Y gwir amdani yw mai cael ei *gwella* oedd y ffordd ym 1933. Cyn hynny, fel rydym wedi gweld, roedd Loch Ness yn bell o fod yn fan anial a diarffordd, oherwydd roedd yn boblogaidd iawn gydag ymwelwyr. Hyd at gychwyn y tridegau, roedd cannoedd o bobl yn ymweld â'r lle bob blwyddyn, ond gyda diweithdra erchyll y degawd hwnnw dechreuodd y diwydiant twristiaeth ddioddef yn yr Alban – fel ag ym mhob man arall. Yn syml, nid oedd pobl yn gallu fforddio mynd ar wyliau mwyach.

Mae'n bwysig ein bod yn cadw'r cefndir hwn mewn cof cyn mynd gam ymhellach, oherwydd ym mis Mai, 1933, ymddangosodd stori go drawiadol yn yr *Inverness Courier*, un o bapurau newydd lleol ardal Loch Ness. Dyma hi yn llawn:

Tuesday, May 2, 1933

STRANGE SPECTACLE ON LOCH NESS

What was it?

(FROM A CORRESPONDENT)

Loch Ness has for generations been credited with being the home of a fearsome-looking monster but, somehow or other, the 'water kelpie', as this legendary creature is called, has always been regarded as a myth, if not a joke. Now, however, comes the news that the beast has been seen once more, for, on Friday of last week, a well-known business man, who lives near Inverness, and his wife (a University graduate), when motoring along the north shore of the loch, not far from Abriachan Pier, were startled to see a tremendous upheaval on the loch, which previously had been as calm as the proverbial mill-pond. The lady was the first to notice the disturbance, which occurred fully three-quarters of a mile from the shore, and it was her sudden cries to stop that drew her husband's attention to the water.

There, the creature disported itself, rolling and plunging for fully a minute, its body resembling that of a whale, and the water cascading and churning like a simmering cauldron. Soon, however, it disappeared in a boiling mass of foam. Both onlookers confessed that there was something uncanny about the whole thing, for they realized that here was no ordinary denizen of the depths, because, apart from its enormous size, the beast, in taking the final plunge, sent out waves that were big enough to have been caused by a passing steamer. The watchers waited for almost half an hour in the hope that the monster (if such it was) would come to the surface again: but they had seen the last of it. Questioned as to the length of the beast, the lady stated that, judging by the state of the water in the affected area, it seemed to be many feet long.

It will be remembered that a few years ago, a party of Inverness anglers reported that, when crossing the loch in a rowing-boat, they encountered an unknown creature whose bulk, movements, and the amount of water it displaced, at once suggested that it was either a very large seal, a porpoise, or, indeed, the monster itself!

But the story, which duly appeared in the press, received scant attention and less credence. In fact, most of those people who aired their views on the matter did so in a manner that bespoke feelings of the utmost scepticism.

It should be mentioned that, so far as is known, neither seals or porpoises have ever been known to enter Loch Ness. Indeed, in the case of the latter, it would be utterly impossible for them to do so, and, as to the seals, it is a fact that though they have on rare occasions been seen in the River Ness, their presence in Loch Ness has never once been definitely established.

Dechrau'r syrcas – erthygl enwog yr *Inverness Courier*, Mai 1933.

NESSI YN Y PAPURAU

Nid dyma'r tro cyntaf i'r wasg gyhoeddi stori am ddirgelwch Loch Ness. Dair blynedd ynghynt, ym mis Awst, 1930, cyhoeddodd y *Northern Chronicle* stori am dri gŵr ifanc o Inverness a welodd rywbeth mawr yn cynhyrfu'r dyfroedd tra oedden nhw'n pysgota ar y llyn. Wythnos yn ddiweddarach, cyhoeddodd y *Chronicle* nifer o lythyron oddi wrth bobl oedd wedi cael profiadau tebyg tra oeddynt ar y llyn.

Ond stori yr *Inverness Courier* oedd yr un i agor y llifddorau. Dyma'r tro cyntaf i'r wasg gyfeirio at anifeiliaid Loch Ness fel *'monster'*.

Cododd sawl cwestiwn o'r stori. Yn gyntaf, pwy oedd y *'well-known business man'* a'i wraig? Datgelwyd mai John a Donaldina Mackay oedd eu henwau, ac mai nhw oedd yn cadw gwesty Drumnadrochit ar y pryd.

Ho, ho! meddai sawl un pan ddatgelwyd hyn. Ceisio denu mwy o fusnes i'w gwesty maen nhw. Ymateb digon naturiol, efallai, ond. . . hanner munud. Datgelwyd ymhellach mai dros fis ynghynt, ym mis Mawrth, y cafodd Mr. a Mrs. Mackay eu profiad hynod. Pam na fydden nhw, felly, wedi sôn am yr hyn welson nhw ynghynt – yn enwedig os oedd arnyn nhw eisiau denu ymwelwyr i'w gwesty dros wyliau'r Pasg?

Gŵr ifanc o'r enw Alex Campbell oedd awdur y stori. Beili dŵr oedd ei waith amser llawn, ond ei fod yn cyfrannu ambell bwt i'r *Courier* bob hyn a hyn. Achosodd ei stori am yr hyn ddigwyddodd i Mr. a Mrs. Mackay ychydig bach o stŵr yn lleol. Wythnos yn ddiweddarach, cyhoeddodd y *Courier* erthygl gan gapten stemar oedd wedi hwylio i fyny ac i lawr Loch Ness dros *ugain mil* o weithiau, a hynny dros gyfnod o hanner can mlynedd. Doedd o, meddai, erioed wedi gweld unrhyw 'anghenfil' yn y llyn.

AR GEFN NESSI

Ddeugain mlynedd yn ddiweddarach, honnai Alex Campbell iddo weld yr 'anghenfil' ddeunaw o weithiau (mae i'w weld yn dweud hyn yn blwmp ac yn blaen ar y ffilm sy'n cael ei dangos fel rhan o'r arddangosfa fechan, wreiddiol yn Drumnadrochit). Gan gofio mai beili dŵr oedd gwaith Alex

Campbell, go brin ei fod wedi camgymryd rhyw greadur bach cyffredin fel dyfrgi am rywbeth mwy.

Ar un achlysur, meddai, roedd allan yn ei gwch ar y llyn pan gododd rhywbeth i fyny *yn union o dan ei gwch!* Alla i ddim dychmygu unrhyw brofiad mwy brawychus na hyn. *'Without any warning,'* meddai, *'the boat started to heave underneath me. It was terrifying. . . the boat just seemed to rise and then stagger back almost immediately.'*

ARAF! NESSI'N CROESI

Cyhuddwyd Mr.Campbell gan rai o gredu'n rhy gryf ym modolaeth Nessi iddo fedru dewis yn iawn rhwng yr hyn oedd yn wir a'r hyn oedd yn ffantasi pur, a bod hynny i raddau wedi lliwio'i stori o'r hyn welodd Mr. a Mrs. Mackay. O ganlyniad, roedd llawer o ddarllenwyr y *Courier* ym 1933 yn tueddu i beidio â chymryd rhyw lawer o sylw o'r stori. . . am ychydig. . .

. . . Nes i'r un papur gyhoeddi llythyr gan Mr.George Spicer o Lundain ym mis Awst, 1933. Ynddo, disgrifiodd Mr.Spicer fel y gwelodd ef a'i wraig un o anifeiliaid Loch Ness – nid yn pysgota yn y llyn neu'n chwarae ar wyneb y dŵr ond – *yn croesi'r ffordd fawr o flaen eu car!*

IS THIS THE LOCH NESS 'MONSTER'? oedd y pennawd yn y *Courier.* Efallai'n wir. Yn sicr, roedd yr hyn a ddigwyddodd i Mr. a Mrs.Spicer yn fwy dramatig o lawer na'r hyn a ddigwyddodd i Mr. a Mrs. Mackay.

Beth, felly, welson nhw?

Gorffennaf 22ain oedd y dyddiad, tua phedwar o'r gloch y prynhawn, ac roedd Mr. a Mrs.Spicer yn gyrru ar hyd yr A852 rhwng Dores a Foyers, a'r llyn ar eu hochr dde. Roedd yn ddiwrnod braf a thawel.

Yn sydyn, gwelodd Mrs.Spicer rywbeth anferth yn dod allan o'r llwyni uwchben y ffordd. Dyma ddisgrifiad ei gŵr:

'It was horrible – an abomination. The body shot across the road in jerks. . . but we could not see its lower parts and saw no limbs. I estimated the length to be twenty-five to thirty feet. Its colour. . . could only be called a dark elephant grey. We saw no tail, nor did I notice any mouth on what I took to be the head of the creature. My

wife and I looked at each other in amazement. It had been a loathsome sight. To see that arched neck straggle across was something which still haunts us.'

Erbyn i Mr. a Mrs.Spicer gyrraedd y fan, roedd yr anifail brawychus hwn wedi diflannu i lawr ochr y ffordd fawr ac i mewn i'r llyn.

AR DDWY GOES
Nid dyma'r tro cyntaf chwaith i un o anifeiliaid Loch Ness gael ei weld allan o'r dŵr. Y drafferth yw fod disgrifiadau pawb yn wahanol! Er enghraifft, dyma ddisgrifiad Alfred Cruikshank o'r hyn welodd o am bump o'r gloch y bore ym mis Ebrill, 1923 – ddeng mlynedd cyn antur George Spicer. Ar hyd y ffordd y cyfeirir ati heddiw fel yr A82 yr oedd o'n gyrru, pan welodd. . .

'. . . a large, humped body standing about six feet high, with its belly trailing on the ground, and about twelve feet long, to which was attached a long, thick tail which was ten to twelve feet in length. It was moving slowly, sort of waddling away from the road on two legs which I could see on the near side. I saw the outline of what appeared to be the head, which was big and pug-nosed and was set right on the body. . . in other words it didn't seem to have much of a neck. . . as I went round the corner I heard a grunting noise from where it was.'

Roedd gan anifail George Spicer wddf hir a thenau, ond doedd dim gwddf o gwbl gan beth bynnag a welodd Alfred Cruikshank.

Mi welwch fod hyn yn digwydd yn aml; mae disgrifiadau llawer o bobl o Nessi yn amrywio, weithiau'n helaeth, droeon eraill ddim ond wrth iddyn nhw geisio disgrifio'r manylion.

NESSI ENWOG
Erbyn mis Hydref, 1933, roedd y papurau newydd Saesneg wedi cael gafael yn y straeon, a daeth Nessi yn enwog dros nos. Datgelwyd gan nifer helaeth o bobl eu bod hwythau hefyd wedi gweld 'rhywbeth od' yn y llyn, ond roedden nhw'n rhy swil i ddweud dim byd ynghynt rhag ofn i bawb chwerthin am eu pennau. Ac er bod llawer o bobl yn cytuno yn eu disgrifiadau o'r hyn welson nhw, roedd yna gryn amrywiaeth hefyd.

Na, doedd ond un peth amdani – roedd angen llun o Nessi er mwyn setlo'r holl beth, unwaith ac am byth.

Ac erbyn diwedd 1933, roedd yna lun wedi cael ei dynnu.

Be goblyn...?! Mr. a Mrs.Spicer yn cael cipolwg ar greadur anferth yn croesi'r ffordd o'u blaenau.

PRAWF?

Blwyddyn brysur iawn oedd 1933, felly, i Loch Ness. Bu'n un hynod o brysur hefyd i Nessi ei hun, oherwydd erbyn diwedd y flwyddyn roedd wedi ymddangos ar o leiaf 90 o wahanol achlysuron.

Neu, yn hytrach, roedd dros naw deg o bobl yn honni eu bod nhw wedi gweld rhywbeth rhyfedd yn nyfroedd y llyn. A sawl gwaith y gwelwyd rhywbeth yno yn ystod 1932?

Dwy waith. Dyna'r oll sy wedi'i gofnodi beth bynnag.

PAM? PAM? PAM?

Rydych wedi dechrau sylweddoli erbyn hyn, mae'n debyg, mai y mwya'n y byd y mae rhywun yn mynd ati i astudio dirgelwch Loch Ness, mwya'n y byd o gwestiynau sy'n codi. Mae rhywun wastad yn ei gael ei hun yn gofyn 'Pam. . . ?' drwy'r amser. Er enghraifft, pam fod anifeiliaid Loch Ness mor fywiog yn ystod 1933-1934? Pam fod yna oddeutu 137 o bobl wedi eu gweld yn ystod 1934? Cynigir sawl ateb:

1

Cafodd y ffordd fawr ei gwella'n sylweddol, gan alluogi llawer iawn mwy o bobl i deithio heibio i'r llyn. Torrwyd llawer o goed, a golygai hyn fod pawb yn gallu gweld y llyn yn well.

2

Ers i'r stori am yr 'anghenfil' ffrwydro dros y byd, roedd llawer iawn mwy o bobl yn fodlon cyfaddef eu bod wedi gweld rhywbeth go ryfedd yn nyfroedd Loch Ness.

3

Yr hyn a elwir yn Saesneg yn *wishful thinking*. Roedd cymaint o bobl bellach wedi clywed am Nessi, ac wedi ymweld â'r llyn yn y gobaith o weld rhywbeth yn y dŵr. Mae'n sicr fod nifer fawr wedi gweld rhywbeth digon cyffredin, fel haid o hwyaid yn pysgota, er enghraifft, neu hen ffefryn yr anghredinwyr, y dyfrgi, neu hyd yn oed bennau a gyddfau ceirw wrth iddyn nhw nofio ar draws y llyn.

Meddai cyfarwyddwr acwariwm Sw Llundain, Mr.E.G.Boulenger, ar y pryd:

'The case of the Monster of Loch Ness is worthy of our consideration if only because it presents a striking example of mass hallucination. . .'

Hynny yw, roedd y bobl hyn gymaint o *eisiau* gweld angenfilod yn y dŵr, fe lwyddon nhw. Mae'r meddwl yn gallu chwarae triciau creulon ar bobl yn aml, fel y mae teithwyr mewn anialwch sych yn gallu 'gweld' llynnoedd ac afonydd yng nghanol y tywod poeth.

Y CWESTIWN PWYSIG

Ond wrth gwrs, y cwestiwn hollbwysig a phoblogaidd hwnnw, sy'n ddraenen yn ystlys y rhai sy'n credu'n ffyrnig ym modolaeth Nessi, yw pam nad oes yna'r un llun boddhaol wedi cael ei dynnu ohono? Yn enwedig yn yr oes dechnolegol wych hon.

Pan awn ni ati i astudio'r lluniau sydd *yn* bodoli o anifeiliaid Loch Ness, fe welwn nad oes yr un ohonynt yr un fath. Maen nhw i gyd yn unigryw, am ryw reswm – mor wahanol, yn wir, â disgrifiadau pobl o'r anifeiliaid.

Rwyf am siomi nifer ohonoch yn awr, mentraf ddweud, drwy honni'n blwmp ac yn blaen nad oes yr un o'r lluniau hyn yn profi'n bendant, y tu hwnt i unrhyw amheuaeth, fod yna 'anghenfil' yn byw yn nyfroedd Loch Ness. Mae hyd yn oed y llun gorau yn un gwael iawn, a bod yn gwbl onest. Yr unig beth maen nhw i gyd yn ei ddangos i ni yw fod yna *rywbeth* yn y dŵr pan dynnwyd y lluniau.

Ond beth? Yr unig ffordd o benderfynu hynny yw drwy edrych ar nifer o'r lluniau.

Y Llun Cyntaf

Fe ddechreuwn yn y dechrau, gyda'r llun cyntaf a dynnwyd gan ddyn o'r enw Hugh Gray ar y 13eg o Dachwedd, 1933.

Mae'r llun yn dangos rhywbeth hir a thywyll yn y dŵr. Mae'n edrych fel petai'n sblasio'n wyllt o gwmpas. Un o'r anifeiliaid yn pysgota, efallai?

Dydd Sul oedd hi pan aeth Mr.Gray – a oedd yn gweithio yng ngwaith alwminiwm Foyers ar y pryd – am dro ar ôl bod yn yr eglwys heibio i'r fan lle mae'r afon Foyers yn

Y llun cyntaf erioed o Nessi – **neu** lun o gi labrador gyda choedyn yn ei geg!

llifo i mewn i'r llyn. Diwrnod braf iawn oedd hi, ac roedd wyneb y llyn fel gwydr.

'An object of considerable dimensions rose out of the water not so very far from where I was,' meddai Hugh Gray mewn datganiad wedyn. 'I immediately got my camera ready and snapped the object which was then two to three feet above the surface of the water. I did not see any head, for what I took to be the front parts were under the water, but there was considerable movement from what seemed to be the tail, the part furthest from me. The object only appeared for a few minutes then sank out of sight.'

Mae'r llun hwn – fel pob un arall, a dweud y gwir – wedi achosi cryn dipyn o ddadlau. Ai llun dilys o Nessi ydy o? Cafodd ei astudio'n fanwl ar y pryd, a doedd neb, taera staff cwmni Kodak, wedi ymyrryd ag ef mewn unrhyw ffordd.

Yn ei lyfr The Monsters of Loch Ness, mae Roy P.Mackal yn derbyn mai llun dilys o un o anifeiliaid y llyn sydd yma. Dyma mae'n ei ddweud: 'I believe the picture is probably a genuine photograph of one of the aquatic animals in Loch Ness'. Ond yn ei lyfr ef, The Loch Ness Mystery Solved, mae Ronald Binns yn anghytuno'n ffyrnig. 'It remains an inconclusive and unsatisfactory piece of evidence', yw ei eiriau

ef, gan sôn – yn ddigon teg – nad oes yna unrhyw beth yn y llun i brofi mai llun o Loch Ness ydy o mewn gwirionedd. Dŵr yw dŵr, wedi'r cwbl, a gall y dŵr yn y llun fod yn unrhyw ddŵr, mewn unrhyw le.

Dŵr-gi

Bob tro y bydda i'n edrych ar y llun hwn, nid anghenfil ydw i'n ei weld ond anifail llawer iawn mwy cyffredin, sef ci.

Os edrychwch arno'n fanwl, efallai'n wir y gwelwch chithau, y tu ôl i gorff tywyll yr 'anghenfil', siâp pen ci, un golau ei liw, gyda'i ddau lygad, ei drwyn a'i glust dde i'w gweld yn glir. A dydy'r 'anghenfil' efallai'n ddim byd mwy na darn o bren yng ngheg y ci hwn.

Cofier mai mynd am dro bach ar ôl bod yn yr eglwys yr oedd Hugh Gray pan dynnodd o'r llun enwog hwn. Buasai'n ddiddorol gwybod ai mynd â'i gi am dro oedd o – labrador melyn, efallai?

Chwarae teg i'r arddangosfa swyddogol, crybwyllir yma hefyd y posibilrwydd mai ci Mr.Gray yw'r 'anghenfil' yn y llun hwn. Ond efallai fy mod i a'r arddangosfa'n hollol anghywir, a bod Mr.Gray wedi dweud y gwir.

Yr heliwr M.A.Wetherall yn mesur yr olion traed ar lannau Loch Ness.

JÔC YR HIPO-CROC

Cyhoeddwyd y llun hwn yn y *Daily Record* a'r *Daily Sketch* ar 6ed Rhagfyr, 1933. A sôn am ymateb! Aeth y wlad yn wirion bost, a heidiodd newyddiadurwyr o bob math i fyny i Loch Ness, pob un wan jac ohonyn nhw ar dân eisiau un ai llun o Nessi neu wybodaeth arbennig am yr anifeiliaid. Roedd y geiriau '*Loch Ness Monster*' ar wefusau pawb.

Ond ni fu'n hir cyn i'r holl beth droi'n jôc fawr. Bai y *Daily Mail* oedd hyn i raddau helaeth. Fe gyhoeddon nhw eu bod am gyflogi heliwr proffesiynol i fynd i fyny i'r Alban i chwilio am yr 'anghenfil'. Gŵr o'r enw M.A.Wetherall gafodd y gwaith – ac o fewn dyddiau o gyrraedd yr ardal, fe ddaeth o hyd i olion traed rhyfedd iawn ar lannau'r llyn, wrth ymyl pentref Dores.

'*Monster of Loch Ness is not a Legend but a Fact,*' meddai'r *Daily Mail,* gan glochdar fel ceiliog. Ac meddai'r heliwr ei hun: '*It is a four-fingered beast and it has feet or pads about eight inches across. I should judge it to be a very powerful soft-footed animal about 20 feet long. . . I am convinced it can breathe like a hippopotamus or crocodile with just one nostril out of the water.*'

RHOI EI DROED YNDDI

Heliwr proffesiynol a phrofiadol iawn oedd M.A.Wetherall, ac mewn ffordd roedd yn llygad ei le, oherwydd hipo – neu ddyfrfarch, i roi ei enw Cymraeg iddo – *oedd* wedi gadael yr olion traed ar lannau Loch Ness!

Neu, i fod yn hollol gywir, *darn* o hipo, sef ei droed. Ie, tric creulon oedd y cyfan! Nid ydynt mor boblogaidd y dyddiau yma, diolch byth, ond roedd gan nifer o dai ar un adeg droed dyfrfarch wrth ymyl y drws ffrynt i gadw ambarelau a ffyn ynddo. Un o'r rhain a ddefnyddiwyd i greu yr olion traed mawr hynny ar lannau'r llyn.

A'i wyneb yn goch fel tomato, mae'n siŵr, ffarweliodd M.A.Wetherall â Loch Ness – ond nid cyn iddo weld un o'r anifeiliaid go iawn, meddai, tra oedd yn teithio ar draws y llyn ar gwch modur y *Penguin*. Mynnai, fodd bynnag, mai morlo mawr llwyd oedd yn byw yno, a dim byd mwy na hynny.

Ie, ie, meddai pawb. Jôc fawr oedd Nessi erbyn hyn, ac yng ngoleuni'r twyll yma anghofiodd y byd am yr holl adroddiadau eraill, di-ddrama a gonest oedd wedi dod o'r ardal am anifeiliaid rhyfedd y llyn.

NESSI'N DYCHRYN

Er hynny, roedd Loch Ness yn fyd-enwog bellach a, thwyll neu beidio, roedd yr 'anghenfil' yn denu llu o dwristiaid i'r ardal.

Ac er bod y byd a'r betws wedi chwerthin am ben y tric gyda'r droed-dal-ambarelau, roedd yna bobl yn dal i daeru'n ddu-las iddyn nhw weld 'angenfilod' o gwmpas ac yn Loch Ness.

Pobl fel Arthur Grant, er enghraifft, a welodd un ar y ffordd fawr (yr A82) pan oedd yn gyrru adref ar ei feic modur yn oriau mân y bore, Ionawr 5ed, 1934. Yn wir, bu o fewn dim i daro'r anifail!

'I was almost on it when it turned what I thought was a small head on a long neck in my

'Ydw i'n gweld pethau, ta be?' – andros o sioc i'r myfyriwr Arthur Grant ym 1934.

direction. The creature apparently took fright and made two great bounds across the road and then went faster down to the loch, which it entered with a huge splash. . . The body was very hefty. I distinctly saw two front flippers and there seemed to be two other flippers which were behind and which it used to spring from.'

Myfyriwr oedd Arthur Grant ar y pryd, yn hyfforddi ar gyfer bod yn filfeddyg. Doedd o, meddai, erioed wedi dod ar draws y fath anifail yn ei fywyd o'r blaen.

Chwerthin am ei ben wnaeth y rhan fwyaf o bobl, ac aeth rhai mor bell â'i gyhuddo o fod yn feddw gaib ar y pryd. Yn sgil y tric a chwaraewyd ar yr heliwr Wetherall, go brin y buasai neb yn ei lawn bwyll wedi mentro dweud celwydd – yn enwedig stori mor ddramatig ag un Arthur Grant. Ond mynnodd ei fod yn dweud y gwir, er bod pawb yn chwerthin am ei ben a'i fod, druan, wedi gorfod colli tymor yn y coleg o'r herwydd.

Nessi o'r Diwedd?
Ond roedd yr adroddiadau'n dal i lifo; roedd gwahanol bobl yn dal i weld ffurfiau rhyfedd yn y dŵr – lwmp tywyll gan amlaf, yn symud yn gyflym cyn diflannu o'r golwg dan yr wyneb, neu rywbeth a edrychai o bell fel cwch wedi'i droi drosodd a'i ben i waered, cyn i hwnnw hefyd un ai ruthro i ffwrdd ar draws y llyn neu ddiflannu dan y dŵr.

Doedd gan adroddiadau fel yna mo'r un apêl mwyach. Roedd y cyhoedd wedi'u clywed i gyd o'r blaen, ac roedd angen rhywbeth llawer iawn mwy dramatig arnyn nhw os oedden nhw am gredu ym modolaeth Nessi unwaith eto.

Yna, ym mis Ebrill, 1934, ymddangosodd y llun enwocaf erioed o Nessi, sef y llun y cyfeirir ato fel 'llun y llawfeddyg', neu *'the surgeon's photograph'*.

PENNOD

Cesys!

Mae miloedd ar filoedd o bobl yn ymweld â Loch Ness bob blwyddyn. Daw'r rhan fwyaf ohonynt oddi yno heb weld unrhyw beth anghyffredin yn nyfroedd y llyn. Hyd yma, o leiaf, un o'r nifer anlwcus yma ydw i. Ond mae tri math arall o berson yn ymweld â'r lle hefyd:

1
Y bobl cymharol brin hynny sydd *yn* gweld rhywbeth yn nyfroedd Loch Ness, rhywbeth nad yw'n bosib i'r un gwyddonydd na neb arall ei egluro'n foddhaol.

2
Y rheini sy'n *meddwl* eu bod wedi gweld 'anghenfil' yn y llyn. Mae yna nifer fawr o'r rhain, sef pobl sy'n gweld rhywbeth digon naturiol, fel haid o hwyaid yn chwarae ar wyneb y dŵr (o bell, gall hyn edrych fel rhyw anifail mawr yn cynhyrfu'r dyfroedd wrth bysgota), neu ddyfrgi, neu garw.

3
Pobl sy'n treulio amser maith yn chwilio wyneb y llyn heb weld unrhyw beth od o gwbl – ond sy wedyn yn mynd o gwmpas y lle yn taeru'n ddu-las iddyn nhw ddod wyneb yn wyneb â Nessi ei hun. Pobl gelwyddog, mewn geiriau eraill!

Siom a Syndod
Ond rhaid i ni beidio â bod yn rhy lawdrwm efo'r bobl hyn. Hen beth cas yw cael eich siomi, a hen brofiad digon annifyr yw treulio amser maith ar lannau Loch Ness, a gweld dim byd ond hwyaid a dŵr.

Lle pryfoclyd fel hyn yw Loch Ness. Yn aml, clywir am bobl sy wedi wfftio at Nessi erioed yn dod ar ei draws wrth fynd am dro, tra bod y rheini sy'n credu'n gryf ynddo'n cael eu siomi bob tro.

LLUN Y LLAWFEDDYG

Ar 19eg Ebrill, 1934, roedd Lefftenant-cyrnol Robert Kenneth Wilson, llawfeddyg o Lundain, a chyfaill iddo o'r enw Maurice Chambers, yn gyrru heibio i'r llyn rhwng saith a hanner awr wedi saith y bore ar hyd ffordd fawr yr A82, oedd wedi cael ei gwella'n sylweddol flwyddyn ynghynt. Fe benderfynon nhw fynd allan o'r car am ychydig o awyr iach, a dyma, yn ôl Kenneth Wilson ei hun, beth a ddigwyddodd:

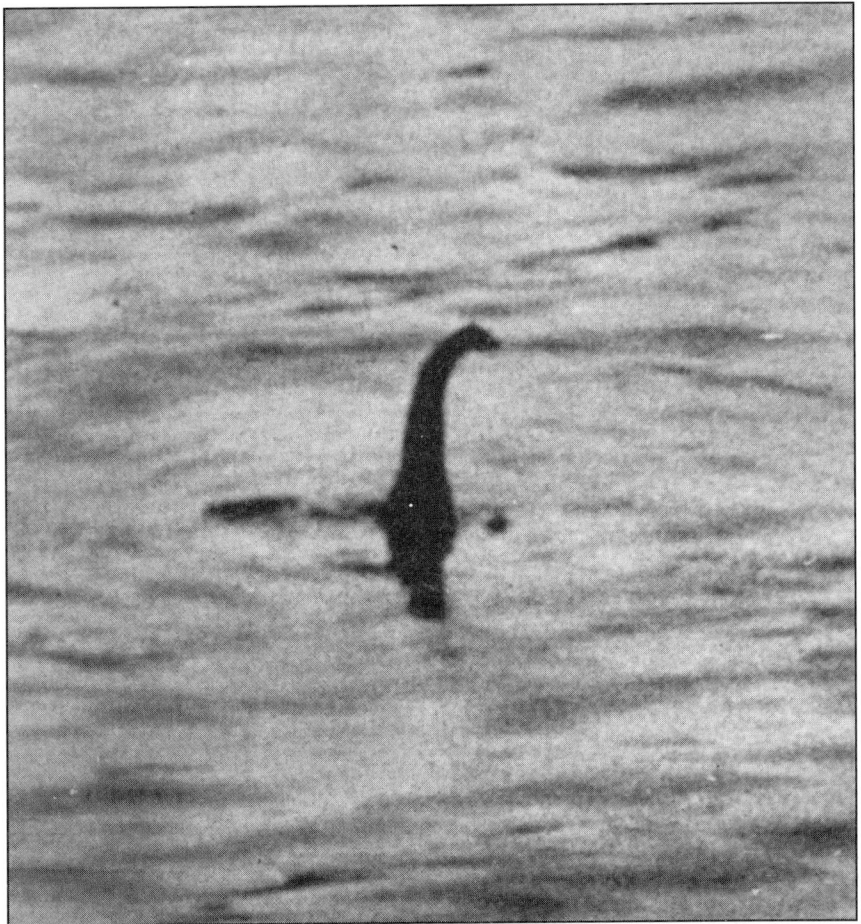

Llun y Llawfeddyg – a'r un enwocaf erioed o Nessi. *Ond...*

'. . . I noticed a considerable commotion on the surface some distance out from the shore, perhaps two or three hundred yards out. I watched it for perhaps a minute or so and saw something break the surface. My friend shouted: "My God, it's the Monster!"

'I ran the few yards to the car and got the camera and then went down and along the steep bank for about fifty yards to where my friend was and got the camera focused on something which was moving through the water. I could not say what this object was as I was far too busy managing the camera in my amateurish way.'

CHWARDDWCH RŴAN 'TA!

Tynnodd y llawfeddyg bedwar llun cyn i beth bynnag oedd yn y dŵr suddo'n ôl o'r golwg. Aeth ar ei union i Inverness i ddatblygu'r ffilm. Doedd dim byd i'w weld yn y ddau lun cyntaf, ond roedd y ddau arall ar fin dod yn enwog trwy'r byd.

Dangosai'r enwocaf o'r ddau lun ben a gwddf rhyw anifail yn ymwthio o'r dŵr, tra oedd y llun olaf yn dangos yr anifail hwnnw ar fin diflannu o'r golwg. Y papur newydd a brynodd yr hawlfraint i'r llun gorau oedd y *Daily Mail* – yr un papur newydd oedd wedi talu i M.A.Wetherall gael ei dwyllo gan droed dyfrfarch ar lannau'r llyn. Hawdd yw dychmygu golygydd y papur hwnnw'n rhwbio'i ddwylo, yn wên o glust i glust, yn dweud wrth y gwyddonwyr a'r anghredinwyr oedd wedi cael cymaint o hwyl am ei ben – 'Reit, y tacla! Chwarddwch rŵan, 'ta!'

Tipyn o Dderyn?

Achosodd y llun hwn gynnwrf anhygoel. Dyma brawf o'r diwedd, meddai nifer o bobl, *fod* yna anifail mawr yn byw yn nyfroedd Loch Ness. Pwy all ddadlau yn erbyn y fath brawf?

Wel, cryn dipyn, a dweud y gwir. Aderyn ydy o, meddai rhai, bilidowcar neu wyach (*grebe*). Cynffon dyfrgi ydy'r 'pen a'r gwddf', meddai eraill.

'Dim ffasiwn beth,' oedd ymateb Wilson y llawfeddyg. 'Roedd o'n rhy fawr o lawer i fod yn aderyn neu'n ddyfrgi.'

'Coedyn, 'ta,' meddai eraill wedyn, 'neu fodel, wedi'i roi yn y dŵr gan y llawfeddyg gyda'r bwriad o dwyllo'r byd a'r betws.'

'Nage wir,' meddai'r credinwyr, gan ddangos fod yna donnau bychain i'w gweld yn glir o gwmpas gwddf yr 'anghenfil', oedd yn eu tro'n dangos fod yr anifail yn symud, a bod llawer mwy ohono wedi'i guddio dan y dŵr nag oedd yna i'w weld ar yr wyneb.

Y Parchus Mr. Wilson

A beth am y dyn a dynnodd y llun enwog hwn? Dyn hynod o barchus oedd R.K. Wilson, milwr a llawfeddyg gyda llond trol o lythrennau ar ôl ei enw. Gweithio yr oedd o ar y pryd yn Queen Anne Street yn Llundain, nid nepell o 'Stryd y Meddygon', sef Harley Street. Pam fyddai rhywun mor barchus yn mynd ati i dwyllo'r byd? Efallai nad oes gan bobol 'barchus' synnwyr digrifwch. . .

Yn sicr, roedd ei luniau'n dangos *rhywbeth* yn Loch Ness. Ond beth?

Dei-Ness-or!

Dros y blynyddoedd, mae sawl damcaniaeth wedi cael ei chynnig ynglŷn â beth yn union sy'n byw yn y llyn (byddwn yn edrych ar y syniadau hyn yn y man). Un o'r rhai mwyaf poblogaidd yw mai hen ddeinosor sy wedi goroesi ers miliynau o flynyddoedd yw Nessi – sef y *Plesiosaur*. Roedd gan hwnnw wddf hir, pen bach, cynffon hir a ffliperi – ac anifail go debyg, mynnai rhai, sydd i'w weld yn llun y llawfeddyg.

Am chwe deg o flynyddoedd bu llawer iawn o anghytuno ynglŷn â *'the surgeon's photograph'*. Yn y cyfamser, daeth yn llun hynod o enwog; yn wir, cartŵn bychan ohono sy'n cael ei ddefnyddio fel logo gan yr arddangosfa swyddogol fawr ym mhentref Drumnadrochit. Hwn yn sicr yw'r llun gorau erioed o Nessi, er ei fod, yn ei ffordd fach ei hun, yr un mor amwys â phob un o'r lluniau eraill.

Cywilydd?

Ymfudodd Kenneth Wilson i Awstralia gyda'i deulu ar ôl yr Ail Ryfel Byd, lle bu farw ym 1969. Doedd o ddim yn hoff iawn o drafod y diwrnod hwnnw ym mis Ebrill, 1934, pan dynnodd un o luniau enwocaf yr ugeinfed ganrif.

Pam? '. . . *for professional reasons he always shunned all connection with it,*' medd Nicholas Witchell yn ei lyfr *The Loch Ness Story*. Aeth eraill mor bell ag awgrymu'n gryf mai yng nghwmni gwraig briod – yn hytrach na chyda'r cyfaill Maurice Chambers – yr oedd y dyn 'parchus' hwn pan dynnodd o'r llun, ac mai dyna'r rheswm dros ei swildod a'i amharodrwydd i dynnu llawer iawn o sylw ato'i hun!

OND. . .

Wel, am dric! Tegan tebyg i'r un a ddefnyddiwyd i dwyllo pawb am dros hanner canrif.

Ie – 'ond' mawr iawn. Ar dudalen flaen y *Sunday Telegraph* ar y 13eg o fis Mawrth, 1994, ymddangosodd y pennawd hwn:

Revealed: the Loch Ness picture hoax

ac oddi tano, y geiriau hyn:

Monster was a toy submarine.

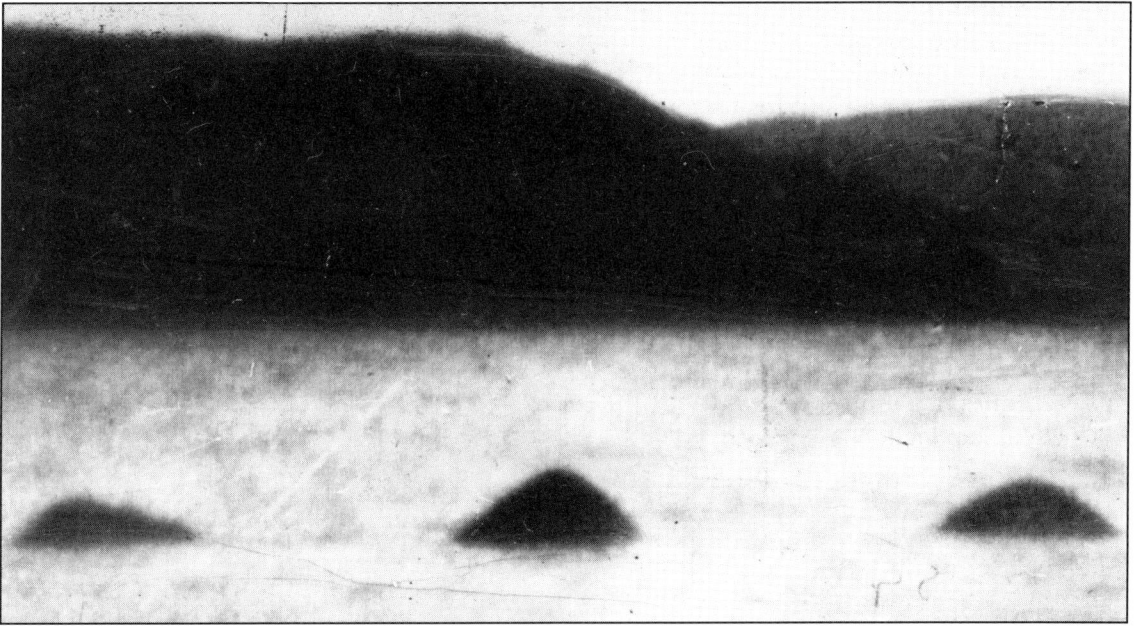

Llun Lachlan Stuart – tri Nessi, ynteu tric gwael arall?

Ie, twyll arall oedd y cyfan! A'r dyn oedd y tu ôl i'r cyfan oedd neb llai na Marmaduke Wetherall ei hun – yr heliwr proffesiynol hwnnw a ymadawodd â Loch Ness yn fuan ym 1934 ar ôl cael ei dwyllo.

Nid gyda gwraig briod yr oedd Kenneth Wilson pan dynnodd o'r llun, ond gyda Maurice Chambers wedi'r cwbl. *Ac roedd Maurice Chambers yn gyfaill i M.A.Wetherall!*

BWYSTFIL O WOOLWORTHS

Nid oedd neb yn gwybod hyn tan yn ddiweddar iawn. Y gwir amdani yw fod yna bump dyn yn rhan o'r twyll, sef Wilson a Chambers, M.A.Wetherall, ei fab Ian, a'i lys-fab, Christian Spurling. Christian oedd yr un a adeiladodd yr 'anghenfil', ac ef hefyd oedd yr un i ddweud y gwir o'r diwedd am yr hyn a ddigwyddodd ym mis Ebrill, 1934.

Yn ôl yr adroddiad yn y *Sunday Telegraph,* bu Christian Spurling wrthi am wyth niwrnod yn creu'r model. Prynodd long danfor fechan yn ei siop Woolworths leol cyn adeiladu'r 'pen a'r gwddf' arni. Yna, dychwelodd Wetherall yn slei bach i Loch Ness yng nghwmni'i fab, Ian. Rhoddodd Wetherall yr 'anghenfil' yn y dŵr, ac Ian a dynnodd y lluniau – nid Robert Kenneth Wilson.

Ond roedd gan Wilson ran go bwysig i'w chwarae yn y twyll. Rhaid oedd cael rhywun 'parchus' i adrodd stori a fuasai'n gredadwy i bawb. Pwy yn well na'r llawfeddyg hwn? I ffwrdd ag ef i'r fferyllfa yn Inverness, gyda'i stori'n barod a'r lluniau hollbwysig yn ei law.

BODDI NESSI

Felly y ganwyd y Nessi gyda'r gwddf hir a'r pen bychan. Ond be ddigwyddodd i'r 'anghenfil' enwog hwn? Yn ôl Christian Spurling, bu bron iawn i Wetherall a'i fab Ian gael eu dal gan feili dŵr gyda'r model a'u camera yn eu meddiant. Dim ond cael a chael wnaeth Wetherall i ollwng y model i mewn i'r dŵr a'i sathru i lawr o'r golwg. *'And there it probably lies to this day,'* medd y *Telegraph, 'a small lump of rusting metal and some crumbling plastic wood. All that remains of the Loch Ness Monster.'*

Dial oedd y rheswm y tu ôl i hyn i gyd. Cofier fel y bu M.A.Wetherall yn dipyn o destun sbort ryw fis ynghynt, ac roedd yn benderfynol o dalu'r pwyth yn ôl. Roedd o wedi'i wylltio'n gandryll, yn enwedig gan y *Daily Mail,* a gafodd andros o hwyl am ei ben – er mai'r papur newydd yma oedd wedi'i gyflogi yn y lle cyntaf.

Dyna pam mai i'r *Mail* y gwerthodd Wilson y llun – ond go brin fod yr un o'r pump wedi disgwyl iddo gael y fath ymateb. Rhaid bod Kenneth Wilson yn hynod o falch o gael dianc i Awstralia a chefnu ar yr holl beth – nes i Constance Whyte fynd ar ei ôl pan aeth hi ati i ysgrifennu'i llyfr *More Than a Legend* ugain mlynedd yn ddiweddarach. Dim rhyfedd iddo fod mor gyndyn o drafod y mater!

FFŴL EBRILL

Pam fod yna chwe deg o flynyddoedd wedi mynd heibio cyn i'r gwir gael ei ddweud? Ar y pryd, yn y tridegau, roedd y byd ar dân *eisiau* credu yn Nessi, a byth ers hynny bu'r credinwyr cryf yn amddiffyn y llun yn ffyrnig.

Ond efallai bod un cliw mawr yno'n blwmp ac yn blaen, petai yna rywun ond wedi sylwi arno. *Pryd* yn union dynnwyd y llun? Yn ôl rhai, ar y 19eg o Ebrill. . . ond ar y *cyntaf* o Ebrill yn ôl eraill!

TRI LWMP O. . . ?

Llun enwog arall, ac un y credwyd am flynyddoedd iddo fod yn un dilys, yw'r un a dynnwyd gan ddyn o'r enw Lachlan Stuart ym mis Gorffennaf, 1951.

Hanner awr wedi chwech y bore oedd hi'r tro hwn, ac roedd Lachlan Stuart wedi dod allan o'i gartref ger pentref Dores er mwyn godro'i fuwch. Gwelodd un lwmp mawr du yn codi i wyneb y llyn, yna un arall yn syth wedyn. Erbyn iddo ef a chyfaill iddo gyrraedd y lan gyda chamera, roedd yna dri lwmp yn y dŵr o'u blaenau.

Clywodd Mrs.Constance Whyte, awdures *More Than a Legend*, am y digwyddiad. Aeth i sgwrsio gyda Lachlan Stuart, a gwirioni'i phen yn lân dros y llun. *'I could not put forward this photograph with more confidence if I had taken it myself,'* meddai yn ei llyfr.

O, bobol bach. . .

Datgelir gan Nicholas Witchell yn *The Loch Ness Story* mai twyll oedd y llun yma hefyd. Tri bwndel o wair oedd yr 'anghenfil' hwn,

wedi eu lapio mewn tarpawlin a'u rhoi yn y dŵr nes iddynt edrych yn y llun fel tri lwmp.

Ond llwyddo wnaeth y tric hwn hefyd – yn rhyfeddol, a dweud y gwir. Cofiwch fod llawer cyn hynny'n credu mai llun dilys oedd un pen-a-gwddf y llawfeddyg, ac roedd llun Lachlan Stuart yn *edrych* yn real. Yn wir, aeth rhai mor bell â mynnu mai tri anifail gwahanol oedd perchenogion y lympiau hyn – *'Certainly, the interpretation that there are three animals involved makes more sense than that only one is responsible for all of the parts showing,'* medd Roy P.Mackal yn *The Monsters of Loch Ness.*

O, bobol bach eto. . .

Un o luniau Frank Searle: anghenfil ynteu alarch?

PWYLL – TWYLL!

Wedyn, ym 1969, daeth gŵr o'r enw Frank Searle i Loch Ness. Roedd o'n benderfynol o aros yno nes iddo ddatrys y dirgelwch mawr hwn, unwaith ac am byth. Bu'n byw am dros ddwy flynedd a hanner mewn pabell fechan ar lan y llyn ger Dores. 'Hela'r anghenfil' oedd ei unig waith, a'i unig arf oedd camera bocs syml. Gwelodd yr 'anghenfil' tua dwsin o weithiau i gyd, honnai, ond ni lwyddodd i dynnu'r un llun. . .

Llun 'Doc' Shiels – ac un sy'n rhy dda i fod yn wir.

Enghraifft arall o waith 'Doc' Shiels.

SWYNO NESSI

Un o'r lluniau rhyfeddaf yw hwnnw a dynnwyd gan Anthony 'Doc' Shiels, sy'n dangos gwddf hir a thew gyda phen bychan yn ymwthio'n ddi-stŵr allan o ddyfroedd Loch Ness. Ar yr olwg gyntaf mae'n llun ardderchog – mewn lliw, hyd yn oed – ond does neb wedi ei dderbyn fel llun dilys.

Bu 'Doc' Shiels yn ddigon ffodus i dynnu llun o'r Môr-gawr, yr anghenfil sydd i fod i'w weld o bryd i'w gilydd yn y môr ger Falmouth yng Nghernyw. Dywed mai drwy ddefnyddio pwerau seicic a goruwchnaturiol y llwyddodd i ddenu Nessi a'r Môr-gawr o'r dyfnderoedd.

Ia, tipyn o foi oedd 'Doc' Shiels.

CRAFU PEN

Mae'r hanesion yma, wrth gwrs, yn tueddu i wneud i rywun ofyn tybed faint o bobl sy wedi dweud celwydd wrth fynnu eu bod wedi gweld 'anghenfil' yn Loch Ness? Mae dirgelwch o'r math yma'n sicr o ddenu pennau-bach yn ogystal â phobl sydd â diddordeb byw a gonest ynddo.

Y broblem yw, mae'r 'pennau-bach' yn difetha'r cyfan i bawb. Mae eu castiau plentynnaidd yn taflu mwy o dywyllwch nag erioed dros y dirgelwch.

Oherwydd, er gwaetha'r triciau hyn, *mae* cyfrinach Loch Ness yn ddirgelwch o hyd. Ni ellir diystyru nac anwybyddu tystiolaeth dawel y cannoedd sy'n argyhoeddedig iddyn nhw weld rhyw fath o anifail mawr yn nŵr y llyn.

Ac, wrth gwrs, mae ambell lun arall sy'n peri i rywun grafu ei ben. . .

. . . nes i rywun roi benthyg offer tipyn drutach iddo. Doedd dim modd ei ddal yn ôl wedyn! Tynnodd sawl llun o anifeiliaid Loch Ness – ond tasg hawdd iawn oedd profi nad oedd y rhain yn lluniau dilys o gwbl.

Ond eto, roedd llawer yn fodlon derbyn fod y lluniau'n dweud y gwir – gan gynnwys y *Loch Ness Investigation Bureau.* Mae'n rhaid dweud nad oedd y lluniau hyn yn rhai cyffrous iawn. Ynddynt roedd yr 'anghenfil' yn debycach i fôn coeden na dim byd arall – ond ymddangosodd un ohonyn nhw yn y *Daily Mirror* ar y 1af o Fedi, 1972. Aeth Mr.Searle ati'n ddygn i gynhyrchu rhagor o luniau, ond roedden nhw'n tueddu i waethygu yn hytrach na gwella.

Pwy a Ŵyr?

Mewn papur newydd ym mis Hydref, 1994, ymddangosodd cartŵn bach go ddigri. Ynddo, roedd Nessi yn prancio'n chwareus ar wyneb y dŵr gan wenu fel giât ar ddau o dwristiaid a safai ar lannau'r llyn. Golwg go biwis oedd ar y ddau yma, ac roedd un wedi troi at y llall gan ddweud: 'Mae o'n gwybod yn iawn nad oes camera gynnon ni!'

Mae geiriau'r ymwelydd yn y cartŵn yn taro deuddeg. Er bod anifeiliaid Loch Ness wedi cael eu gweld gan gannoedd o bobl dros y blynyddoedd, does yna'r un hyd yma wedi llwyddo i dynnu llun boddhaol ohonyn nhw.

Rhyfedd, yntê? Mae'n ymddangos ar brydiau fel petai Nessi yn gwybod yn iawn fod yna gamerâu o gwmpas, ac yn aros ymhell dan wyneb y dŵr o'r herwydd.

Ond er mor benderfynol yw anifeiliaid Loch Ness o osgoi ffotograffwyr, mae rhai pobl ffodus wedi llwyddo i dynnu lluniau sy'n rhai anodd iawn i'w hesbonio.

HELA FFOTOGRAFFAU

Tynnwyd y cyntaf o'r rhain mor bell yn ôl â 1934, pan drefnodd Syr Edward Mountain ymgyrch i 'hela' beth bynnag oedd yn byw yn Loch Ness, gyda'r bwriad o dynnu'i lun. (Aeth syrcas Bertram Mills gam ymhellach: fe adeiladon nhw gaets anferth i gadw Nessi ynddo.)

Defnyddiodd Syr Edward ugain o ddynion lleol, gan eu gosod mewn gwahanol fannau o gwmpas y llyn gyda chamerâu.

Llwyddodd y gwylwyr hyn i dynnu 21 llun i gyd, ond dim ond un ohonynt sy'n dangos rhywbeth mwy anghyffredin na thonnau (oedd efallai wedi'u creu gan rywbeth yn symud o dan y dŵr, ond beth?). Dengys y llun hwn lwmpyn mawr du yng nghanol y llyn, gydag ychydig o ddŵr yn cael ei daflu i fyny un ochr iddo.

Er bod y llun yn un gwael o ran ansawdd, mae'n rhaid cyfaddef ei fod yn *awgrymu*, o leiaf, fod yna rywbeth mwy na dyfrgi neu forlo cyffredin yn y dŵr ar y pryd.

Cafwyd rhyw fymryn mwy o lwyddiant pan dynnwyd ffilm o rywbeth go fawr yn codi o'r dŵr ac yn symud trwyddo cyn diflannu yn ei ôl; ond roedd y gwyddonwyr hollwybodus yn Llundain yn mynnu mai morlo oedd o – gan anghofio'n gyfleus iawn

Llun F.C.Adams neu James Lee.

fod pobl Ucheldiroedd yr Alban yn gweld mwy o forloi mewn mis nag y gwnâi'r gwyddonwyr mewn oes.

Y MORFIL MAWR

Yr un flwyddyn – 1934 – tynnwyd llun go ryfeddol gan un ai F.C.Adams (yn ôl rhai llyfrau), neu gan rywun o'r enw James Lee, yn ôl eraill. Nid yw'n annhebyg i lun o forfil tebyg i *Killer Whale,* gyda rhywbeth sy'n edrych fel asgell drionglog yn ymwthio o'r dŵr ar du ôl corff mawr sy, gwaetha'r modd, o'r golwg. *'The appearance of the object is very suggestive of an aquatic animal's appendage'*, medd Roy P.Mackal yn *The Monsters of Loch Ness*, ac mae o'n derbyn y llun fel prawf pendant o fodolaeth anifeiliaid Loch Ness.

Mae'n syndod i mi nad yw'r llun hwn wedi cael mwy o sylw. Mae'n well llun nag un ffug y llawfeddyg Kenneth Wilson (gweler Pennod 7) oherwydd mae'n dangos rhyw fath o gorff mawr sy'n bendant yn symud drwy'r dŵr. Y broblem yw, efallai, nad yw'n *edrych* fel y syniad poblogaidd o 'anghenfil Loch Ness' – hynny yw, does ganddo mo'r gwddf hir a'r pen bychan fflat; nid yw'n edrych fel deinosor na sarff fôr nac fel unrhyw anghenfil dŵr arall yr ydym ni'n gyfarwydd ag ef,

Bu hwn yn dipyn o ddraenen yn ystlys y credinwyr a'r anghredinwyr.

Does dim amheuaeth y tro hwn ynglŷn â ble yn union y tynnwyd y llun (gall llun Hugh Gray, er enghraifft, fod wedi'i dynnu ger unrhyw lyn: does dim byd ond dŵr ynddo i ddangos mai llun o Loch Ness ydyw) oherwydd mae Castell Urquhart i'w weld yn glir ynddo.

Dengys y llun gorff – neu gefn – mawr tywyll yn symud tua'r gorllewin drwy'r dŵr ym Mae Urquhart. Y tu ôl i hwn mae yna lwmp llai i'w weld. *Dau* anifail, efallai, yn cyd-hela? Ynteu dim ond un? Os mai dim ond un sydd yno, mae'n goblyn o anifail mawr, oddeutu 25 metr mewn hyd; 19.5 metr yw uchder tŵr Castell Urquhart, ac mae'r

Llun enwog P.C.MacNab. Dau greadur yn cyd-hela, efallai?

diolch i'r lluniau yn y llyfrau hanes a mytholeg. Ychydig iawn a wyddom hefyd am yr amgylchiadau pan gafodd y llun ei dynnu.

CLASUR O LUN
Mae'r llun nesaf yn enwocach o lawer – sef yr un a dynnwyd gan P.A.MacNab ym 1955.

llun hwn yn hen ddigon clir i ni fedru cymharu'r tŵr â beth bynnag sydd yn y dŵr.

Yr un hen gwestiwn diflas hwnnw sydd yma eto, sef beth yn union sydd yn y llun?

Ton, yn ôl rhai. *'It seems to us,'* medd Ronald Binns yn *The Loch Ness Mystery Solved, 'that the phenomenon. . . could easily be a wave effect resulting from three trawlers travelling closely together up the loch.'*

Nid yw hyd yn oed Binns, fodd bynnag, sy'n gweithio'n hynod o galed yn ei lyfr i ddadbrofi presenoldeb unrhyw anifail yn y llyn, yn gallu dweud yn *bendant* mai llun ton sy gan Mr.MacNab. *'MacNab's photograph is certainly a remarkable one,'* meddai.

DAU NESSI

Ac mae'r llun yma'n un hynod – yn llawn cystal clasur yn ei ffordd ag yr oedd un 'y llawfeddyg' tan yn ddiweddar iawn. I mi, mae'r llun hwn yn cyd-fynd â disgrifiadau'r rhan fwyaf o bobl sy'n honni iddynt weld rhywbeth yn Loch Ness. Does yna ddim gwddf hir a phen bychan fel un deinosor yn y llun hwn – dim ond cefn mawr tywyll, gydag un llai y tu ôl iddo, sy heb fod yn annhebyg i gwch rhwyfo wedi'i droi wyneb-i-waered.

Maint yr anifail (os anifail, hynny yw) yw'r peth mwyaf dramatig am y llun. Mae'n anferth! A beth am yr ail lwmp, yr un llai?

Tybed ai mam a'i phlentyn sydd yma?

Y LLONGAU LLONYDD

Rheolwr banc oedd P.A.MacNab, a dynnodd y llun hwn ar brynhawn Gwener yn niwedd Gorffennaf, 1955. Bu'n gyndyn iawn o'i ddangos i neb; cofier fod Nessi erbyn 1955 yn destun sbort drwy'r wlad, ac meddai Mr.MacNab wedyn: *'So great was the scepticism and the leg-pulling by friends to whom I showed the picture that in a spirit of exasperation I threw the second negative away and nearly got rid of the first as well.'*

'The second negative. . .' Wel, ie – a dyna'r broblem. Yn *The Monsters of Loch Ness* dengys Roy P.Mackal fod yna *ddau* lun yn bodoli. Gwna Mackal fôr a mynydd o hyn, a rhaid cyfaddef eu bod nhw'n wahanol i raddau. *Ond dim ond o ran y tirwedd.* Mewn un, mae yna goeden i'w gweld ym mlaen y llun, a rhan helaeth o'r traeth wrth droed Castell Urquhart: dydyn nhw ddim i'w gweld yn yr ail lun, er bod beth bynnag sydd yn y dŵr heb symud yr un fodfedd. Dywedai MacNab iddo ddefnyddio dau gamera; os felly, dylai'r 'anghenfil' yn yr ail lun fod wedi symud fwy

i'r gorllewin – hynny yw, yn nes at y castell.

Beth yn union welodd Mr.MacNab?

'. . . some black or dark enormous water creature was cruising on the surface,' meddai. *'Without a tripod and in a great hurry I took the shot. I also took a very quick shot with another camera. . . before the creature submerged.'*

Fe wnaeth yn dda iawn i dynnu dau lun gyda dau gamera gwahanol, chwarae teg iddo. Ond pam nad yw'r 'anghenfil' i'w weld wedi symud yr un fodfedd yn yr amser a gymerodd Mr.MacNab i newid camerâu?

GWIR NEU GAU?

'The object was travelling from left to right at about eight knots,' medd Witchell yn *The Loch Ness Story*. O'r gorau, efallai nad yw hynny'n gyflym iawn, ond wedyn dylai fod yna *rywfaint* o wahaniaeth rhwng safle'r 'anghenfil' yn y ddau lun.

Mae'n rhaid cofio, fodd bynnag, mai tasg anodd iawn yw penderfynu maint, cyflymder a phellter rhywbeth sy'n symud trwy ddŵr tra ydych chi'n sefyll ar y lan.

Nid yw Roy P.Mackal yn fodlon derbyn y llun hwn fel prawf fod yna anifeiliaid dieithr yn byw yn Loch Ness. Nid yw Witchell na Constance Whyte, ar y llaw arall, yn cwestiynu'r llun o gwbl.

Beth ydych *chi'n* feddwl?

YN Y TYWYLLWCH

Dros y blynyddoedd, tynnwyd sawl llun arall yn dangos rhywbeth amwys yn y dŵr. Tynnwyd un gan Peter O'Connor ym mis Mai, 1960, llun a gyhoeddwyd yn y *Weekly Scotsman* ac sy'n dangos corff anferth gyda. . . ie, gwddf hir a phen bychan, fflat. Gwersylla wrth ymyl Foyers oedd Mr.O'Connor ar y pryd, a thynnwyd y llun, meddai, am hanner awr wedi chwech yn y bore, gyda chamera fflach.

Hmmm. . .

Dengys y llun hwn anifail mawr, cynhanesyddol. . . a dim byd arall. Düwch fel düwch nos sydd o gwmpas yr 'anghenfil', er bod y wawr wedi hen dorri am 6.30 yn niwedd mis Mai. Hefyd, yn ei lyfr, mae Nicholas Witchell yn adrodd yr hanes yma gan Dr Maurice Burton, dyn oedd â diddordeb

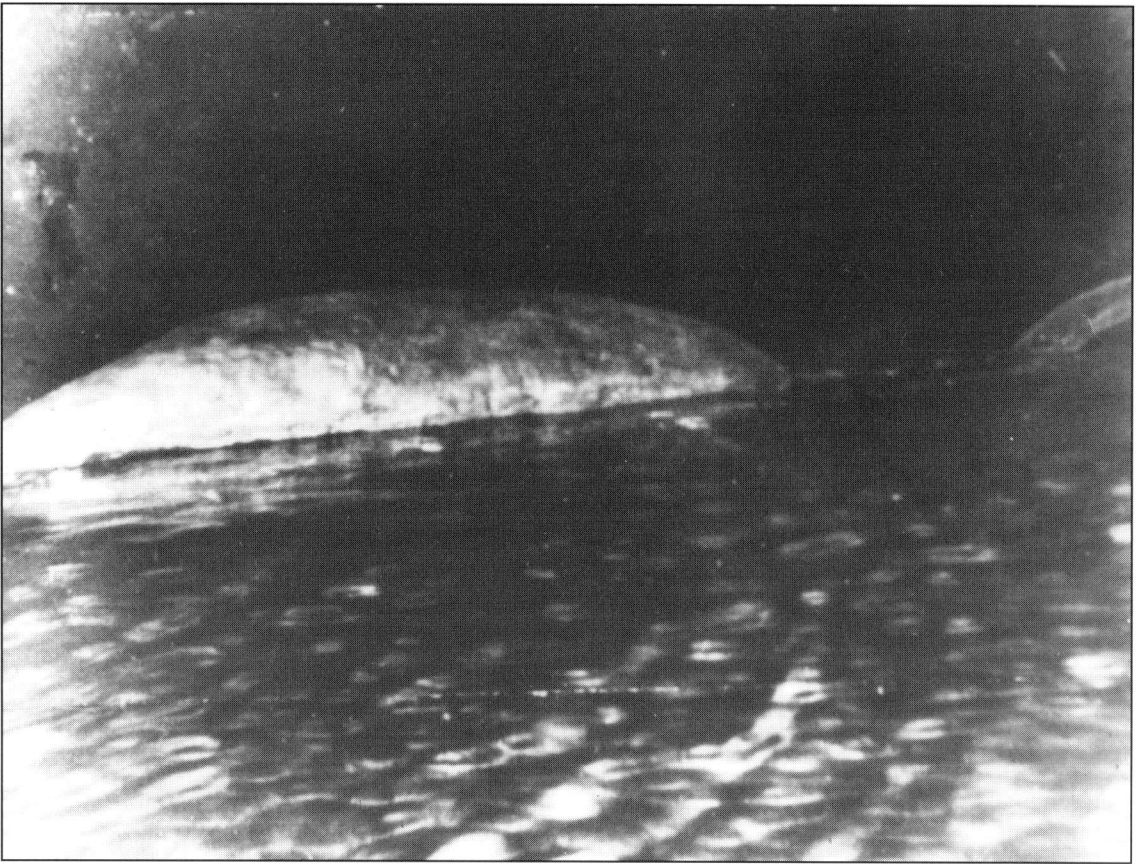

Llun a dynnwyd gan Peter O'Connor am 6.30 y bore.

mawr yn Loch Ness ac a ysgrifennodd lyfr sy bellach yn glasur, *The Elusive Monster:*

'On the shore (where Mr.O'Connor claimed he had taken the picture a fortnight earlier) I found the remains of three large polythene bags, a ring of stones each about nine inches in diameter tied together with string and a stick that looked identical with the neck and head of O'Connor's monster. A photograph taken subsequently of an inflated polythene bag weighted with stones and with the stick wedged in front of it does not differ in any significant way from the O'Connor picture.'

Os oedd Maurice Burton yn iawn, yna un arall o'r 'cesys' hynny sy'n gallu bod yn niwsans glân oedd Peter O'Connor. Yn wir, rai misoedd ynghynt bu O'Connor yn gwneud ei orau glas i gael arian i ymweld â Loch Ness gyda thrigain o ddynion *'. . . armed with two Bren guns mounted on canoes, harpoon guns, underwater spear-guns. And we may use a bomb'.*

Diolch i'r drefn, ni ddigwyddodd hyn – ond mae'n edrych fel petai Peter O'Connor wedi ceisio gwneud llawn cymaint o ddifrod gyda chamera, bagiau plastig, ffon, cerrig a darn o linyn.

Does gen i mo'r amser na'r lle (na'r amynedd, rhaid cyfaddef) i drin a thrafod pob llun sy wedi'i gyhoeddi o Nessi, ond ni ellir cloi'r bennod hon heb drafod ffilm a dynnwyd gan ddyn sy bellach yn rhan hollbwysig o hanes Loch Ness – Tim Dinsdale. Erthygl mewn cylchgrawn o'r enw *Everybody's Magazine* ym 1959 a sbardunodd Tim Dinsdale i ymweld â Loch Ness yn niwedd mis Ebrill, 1960. Roedd wedi darllen yn fanwl am yr 'anghenfil', ac wedi astudio'r gwahanol adroddiadau cyn penderfynu ymweld â'r llyn rhyfedd hwn ei hun.

Treuliodd bron i wythnos ar lannau'r llyn, yn codi gyda'r wawr i graffu dros y dŵr ond cafodd ei siomi ddydd ar ôl dydd. Ar y

38

diwrnod olaf o'i wyliau, fodd bynnag, digwyddodd rhywbeth oedd i'w ysgwyd o'i gorun i'w sawdl.

Profiad Ysgytwol

Roedd ar ei ffordd yn ôl i'w westy am damaid o frecwast pan welodd rywbeth ar wyneb y dŵr. Ar ôl dyddiau o gael ei siomi, roedd Dinsdale yn gyfarwydd iawn â ffenomenâu cyffredin Loch Ness – cychod, hwyaid, dyfrgwn, tonnau ac yn y blaen – a gwyddai fod yr hyn a welai'n awr yn wahanol iawn i'r rheini i gyd. Yn ei lyfr *Loch Ness Monster*, mae'n croniclo'r hyn a wnaeth nesaf:

'. . . *with the sun shining on it brightly it had a curious reddish brown hue about it which could be distinctly seen with the naked eye!*

'*Unhurried, I stopped the car and, raising my binoculars, focused them carefully upon it.*

'*The object was perfectly clear and now quite large; and although when first I had seen it, it lay sideways on, during the few seconds I had taken with the binoculars it seemed to have turned away from me. It lay motionless on the water, a long oval shape, a distinct mahogany colour and on the left flank a huge dark blotch could be seen, like the dapple on a cow. For some reason it reminded me of the back of an African buffalo – it had fullness of girth and stood well above the water, and although I could see it from end to end there was no visible sign of a dorsal fin upon it; and then, abruptly, it began to move. I saw ripples break away from the further end and I knew at once I was looking at the extraordinary humped back of some huge living creature!*'

Nessi ar Ffilm

Gollyngodd Dinsdale ei sbienddrych a dechreuodd ffilmio'r anifail gyda'i gamera '*with deliberate, icy control*' – er gwaetha'r cyffro oedd yn sicr o fod yn rhuo trwy'i gorff fel trydan gwyllt. Gwyddai nad oedd llawer o ffilm ganddo ar ôl yn y camera, a phan oedd yr anifail wedi mynd yn rhy bell iddo fedru'i ffilmio'n iawn, penderfynodd roi'r gorau iddi (penderfyniad anodd ar y naw) am y tro – rhag ofn i'r 'anghenfil' droi yn ei ôl a dychwelyd ar draws y llyn tuag ato, a chyda'i wddf a'i ben allan o'r dŵr. Er mor

anodd oedd iddo beidio ffilmio, gwyddai y buasai'n torri'i galon yn llwyr petai'n colli hynny oherwydd prinder ffilm.

Neidiodd yn ei ôl i mewn i'w gar a'i g'leuo hi am Foyers. Yno, gyda lwc, byddai o leiaf fil o lathenni'n agosach at yr 'anghenfil' – os oedd hwnnw'n dal yno. Ond erbyn iddo gyrraedd. . .

'. . . *one brief glance was enough to tell me I had lost both the race, and my exhilarating gamble – the loch was once again as tranquil as a pond!*'

Ond. . . roedd Nessi ganddo ar ffilm! Gwyddai'n iawn y byddai llawer iawn o bobl yn ei ddrwgdybio, felly ar ôl brecwast gofynnodd am gael benthyg cwch er mwyn ffilmio hwnnw'n croesi'r llyn, fel ag y gwnaeth yr anifail mawr ychydig ynghynt, er mwyn iddo fedru cymharu'r ddau. Rhag ofn.

Ond pan welodd y cwch yn croesi'r llyn, gwyddai fod yna fyd o wahaniaeth rhyngddo ef a'r anifail: '. . . *I began to realize the size and power of the animal I had seen*'. Wedyn, aeth i'r swyddfa bost yn Fort Augustus i anfon telegram i'r Amgueddfa Brydeinig yn Llundain.

Ac ailgychwynnodd y syrcas o fewn dyddiau. Y *Daily Mail* eto a roes y sylw cyntaf i ffilm Tim Dinsdale, ond ni fu'n hir cyn i'r BBC a'r rhaglen *Panorama* gael gafael arni. Roedd Nessi yn fyd-enwog unwaith eto, ond nid fel cymaint o jôc y tro hwn.

Ond beth yn union sy ar y ffilm?

Neu Blob?

Yn ôl Ronald Binns, '. . . *Dinsdale's footage shows a dark indistinct blob moving across Loch Ness at a distance of one mile, then changing course and travelling parallel with the shore.*'

Wel, ie – heblaw, efallai, am y gair dilornus hwnnw, 'blob'. Ond chwarae teg i Binns, mae'n cyfaddef fod yna *rywbeth* yn nofio ar draws y llyn. '*A hoax can be ruled out,*' meddai, ar ôl dweud mai dyma'r unig ddarn o ffilm '. . . *of the monster which is at all credible.*'

Yn ddiweddarach, cafodd y ffilm ei hastudio'n fanwl gan arbenigwyr J.A.R.I.C. sef y *Joint Air Reconnaissance Intelligence Centre*, cangen o'r Llu Awyr sy'n astudio a

Daily ✦ Mail

TUESDAY, NOVEMBER 25, 1975　6p (CHANNEL ISLANDS 7p)

SPECIAL ISSUE
MONEY
MAIL

Scientists argue over new 'proof' from underwater pictures

IS THIS THE LOCH NESS MONSTER?

By THOMSON PRENTICE

A WORLD - WIDE scientific row has blown up over the Loch Ness monster.

It follows claims that incontrovertible evidence has been found for Nessie's existence.

The American scientific team led by Dr Robert Rines, who say they have coloured underwater pictures of the monster, vigorously defended their evidence last night.

But in London experts at the Natural History Museum were still doubting the existence of Nessie.

What is undeniable, however, is that for the first time this 50-year-old controversy has entered the field of serious scientific debate.

Up till now Nessie has principally been a music hall joke and a tourist gimmick.

Mottled

Now Dr Rines, head of the Academy of Applied Sciences in Boston, Massachusetts, will have to fight for his claim against an academic opposition jealous of its territory.

Dr Rines, the physicist who led the photo hunt for Nessie, believes that the most exciting of his pictures is one showing a dark image believed to be the body of an animal with a very long, outstretched neck gliding down towards the camera.

Underneath the body are what Dr Rines believes are possibly two flippers. At a range of 8ft the animal's skin seems rough and mottled.

Another picture appears to show the monster's underbelly with freshwater parasites clinging to it.

A controversial photograph of the monster's head shot from only 9ft has been seen by several photographic and zoological experts in America.

Reports say the face has a prominent bony ridge running into a thick upper lip, which has two nostrils on either side of it. The picture is said to show an open mouth with teeth, and two projections from the top of the head.

Dr Rines said: 'I am sure British

Turn to Page 2, Col. 3

Peter Scott 1975

PETER SCOTT : 'Impressed'

As Sir Peter Scott sees it...

THIS picture, painted by wild life expert Sir Peter Scott after an intensive study of the evidence, gives the most detailed idea available of what the Loch Ness monster may look like.

Sir Peter told me : 'I am not going to say that this picture is definite but I feel the animals will look very like this when we eventually find them. In the cur-

By KEVIN COSGROVE

rent vogue, it is a gut reaction painting mixed with my experience and the scientific data collected over many years.

Sir Peter painted the picture this year after seeing photographs taken by the Boston team in 1972.

He has now seen the new pic-

tures taken by Dr Rines and his men.

'I have been much impressed,' said Sir Peter. 'I now think the monsters have two humps on their backs, one just behind the shoulders and one on top of the rump.

'I have always thought they might have breathing tubes on their heads and I am going to move these tubes a little further

Turn to Page 2, Col 1

INSIDE: Femail 12, Mac 15, TV Guide 34, Stars, Strips 36, Prize Crossword 38, Letters 41, Classified Index 42, Theatre Guide, Focus on Fact 43

Tudalen flaen papur newydd ym 1975 yn dangos paentiad Syr Peter Scott o drigolion rhyfedd Loch Ness.

40

dadansoddi lluniau. Nid cwch oedd ar y ffilm, meddai J.A.R.I.C., ond rhywbeth byw – *'which leaves the conclusion that it probably is an animate object,'* meddai'r adroddiad.

Ymchwil Wyddonol

Cafodd ffilm Tim Dinsdale ddylanwad aruthrol. Dechreuodd y byd gymryd Loch Ness a'i 'anghenfil' o ddifrif unwaith eto. Sefydlwyd corff swyddogol i astudio'r llyn, sef y *Loch Ness Investigation Bureau*, gyda'r naturiaethwr Syr Peter Scott yn gweithredu fel un o'i gyfarwyddwyr. Yn wir, daeth Syr Peter Scott yn argyhoeddedig fod yna anifeiliaid mawr yn byw yn y llyn, a pheintiodd ddarlun dychmygol o ddau ohonynt yn nofio'n hamddenol dan wyneb y dŵr. Gellir gweld y darlun hwn yng nghastell Torosay ar Ynys Mull yn ystod misoedd yr haf.

Ond ni chafodd y *Bureau* lawer o lwc. Er i'w aelodau dynnu un darn bychan o ffilm, a threulio miloedd o oriau ar lannau Loch Ness rhwng 1962 a 1972, ni chafwyd unrhyw lun agos a dramatig o Nessi. Er hynny, llwyddodd y *Bureau* i gasglu a chofnodi cannoedd o'r adroddiadau oedd wedi bodoli dros y blynyddoedd. Plentyn yr L.N.I.B. yw'r arddangosfa swyddogol fawr sydd ym mhentref Drumnadrochit heddiw.

Cafwyd llawer iawn mwy o lwyddiant ym 1972 ac ym 1975 gan dîm o Americanwyr a dynnodd luniau cynhyrfus iawn ac yn agos. . . o dan y dŵr!

O Dan y Dŵr

Siawns eich bod wedi hen gasglu erbyn hyn mai creadur swil iawn yw beth bynnag sy'n byw yn Loch Ness. Mae un camera bob deng mlynedd yn fwy na digon i'w yrru'n ôl i ddyfnderoedd tywyll a distaw y llyn. Fel yr actores enwog honno, Greta Garbo, bron na ellir ei ddychmygu'n grwgnach, *'I wish to be left alone'* iddo'i hun wrth iddo ddiflannu o'r golwg.

Oherwydd ymddangosiadau prin a phryfoclyd Nessi, felly, penderfynwyd mai'r cam nesaf fyddai ei ddilyn i'w gynefin oer – sef o dan y dŵr.

Treiddio i'r Tywyllwch

Rydym eisoes wedi gweld nad yw hyn yn beth hawdd iawn i'w wneud. Heblaw am fod yn ddifrifol o oer, rhai tywyll ar y naw yw dyfroedd Loch Ness. Mae angen goleuni hynod o gryf i dreiddio llai na metr i'r tywyllwch hwn. Mae angen camerâu cryf iawn hefyd i dynnu llun beth bynnag a nofiai i mewn i'r goleuni. . . ac os yw Nessi mor swil â hynny, yna go brin y byddai'n dod yn agos at unrhyw oleuni a ddigwyddai darfu ar lonyddwch tywyll ei gartref.

Ers i'r llun cyntaf gael ei dynnu gan Hugh Gray ym 1933, mae technoleg wedi datblygu'n aruthrol. Rydym yn gallu danfon pobl i'r gofod, felly siawns na fedrwn ddefnyddio'r dechnoleg wych yma i archwilio un llyn.

Dyna'r ddadl, o leiaf.

Y broblem yw fod technoleg yn aml yn ddrud, ac anodd iawn yw dod o hyd i rywun cyfoethog sy'n fodlon gwario cannoedd ar filoedd o bunnau i chwilio am rywbeth sy, yn y bôn, yn dal i fod yn jôc fawr yng ngolwg y mwyafrif o wyddonwyr. Mae Nessi i lawer yn dal i berthyn i'r un maes â'r Yeti, Bigfoot, UFOs, Triongl Bermuda a'r Tylwyth Teg.

Wedi dweud hynny, bu sawl ymdrech yn ystod y blynyddoedd diwethaf i geisio datrys dirgelwch y llyn trwy ddefnyddio offer technoleg fodern. Y mwyaf poblogaidd o'r rhain yw *sonar*.

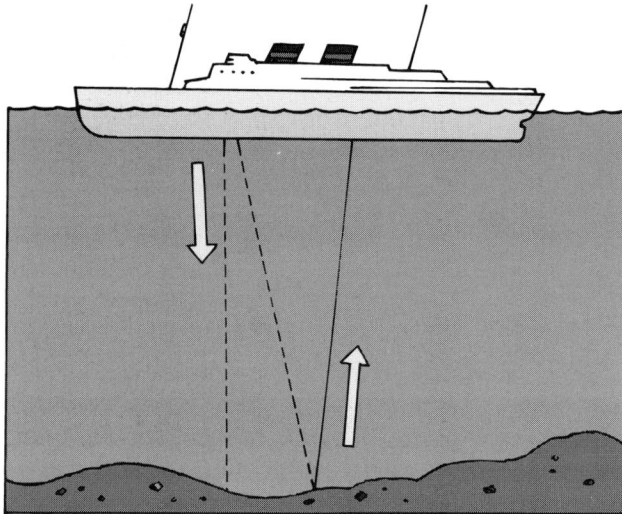

Diagram sy'n egluro sut mae peiriant sonar yn gweithio.

BETH YW SONAR?

Nid camerâu yw peiriannau sonar. Dydyn nhw ddim yn gallu tynnu lluniau (gwaetha'r modd). Yn hytrach, peiriannau sy'n gweithio oddi ar sain ydyn nhw. *Echo-sounders* yw enw arall amdanynt. Mae sonar cryf iawn gan rai o greaduriaid byd natur, fel yr ystlum. Creadur dall yw'r ystlum, yn dibynnu ar ei glyw i hela a'i gadw rhag hedfan i mewn i goed neu adeiladau. Ac mae morfilod yn dibynnu ar sonar i raddau helaeth wrth deithio trwy ddyfnderoedd tywyll y môr.

Erbyn heddiw, defnyddir sonar gan bysgotwyr sy'n chwilio am nifer o bysgod, a chan y sawl sy'n ceisio creu map manwl o waelodion y môr.

Ac mae sonar wedi chwarae rhan amlwg yn hanes Loch Ness.

C. . . CYFLYM

Cyrhaeddodd sonar lannau Loch Ness gyntaf ym mis Awst, 1968. Cafwyd canlyniadau go

ddramatig ar yr 28ain o'r mis, pan gofnododd y sonar dri adlais cryf – A, B ac C. Codi'n araf o waelod y llyn oedd 'A', siâp mawr oedd oddeutu ugain metr mewn hyd ac a symudai i fyny ac i lawr o fewn llwybrau tonfeydd y sonar am tua deng munud, cyn i 'B' ac 'C' ymuno ag ef. Penderfynwyd mai pysgod oedd yn gyfrifol am siâp 'B', ond am siâp 'C'! Symudai 'C' yn hynod o gyflym drwy'r dŵr – oddeutu 15 not – gan ddeifio a chodi ar gyflymder o 137 metr y funud! Yn ôl adroddiad y gwyddonwyr: *'Since objects A and C are clearly comprised of animals, is it possible they could be fish? The high rate of ascent and descent makes this seem very unlikely, and fishery biologists we have consulted cannot suggest what fish they might be.'*

'OPERATION DEEPSCAN'

Mis Hydref oedd hi, a gwelodd y rhai a safai ar y glannau olygfa ryfedd iawn ar wyneb Loch Ness – pedwar cwch modur ar bymtheg yn teithio'n araf ar draws y llyn, ochr yn ochr. Beth oedden nhw'n ei wneud yno? Chwilio am Nessi – nid â chamerâu ond â pheiriannau sonar.

Eu bwriad oedd sgubo'r llyn â 'llen o sain', a theimlai'r gwyddonwyr yn weddol hyderus o daro ar rywbeth yn y dyfnderoedd.

Parhaodd y sgubo hwn am ddau ddiwrnod. Cafwyd tri 'chyswllt' yn ystod y dydd cyntaf, ond dim un trwy gydol yr ail. Yn wir, dim ond un 'cyswllt' oedd yn un syfrdanol; roedd y cysgod ar y graff yn fwy o ran maint nag un siarc, ond yn llai nag un morfil, yn ôl un o'r gwyddonwyr.

Ond os oedd gwyddonwyr *Operation Deepscan* wedi gobeithio darganfod beth oedd Nessi, cawsant eu siomi'n fawr. Gadawsant y llyn heb fod fymryn callach – roedd yr hen Nessi wedi profi'n rhy gyfrwys o lawer iddynt.

SIAPIAU SIOMEDIG

Y broblem gyda sonar yw hyn: dydi o ddim yn ddramatig. Er mai twyll oedd llun enwog y llawfeddyg Kenneth Wilson o ben a gwddf

'Llongau bach ar fore teg' – cychod *Operation Deepscan* yn archwilio dyfroedd Loch Ness.

rhyw anifail anhysbys yn codi o ddyfroedd Loch Ness, mae'n dal yn fwy dramatig o lawer na chysgod neu siapiau ar bapur graff.

Hefyd, os oes yna anifeiliaid rhyfedd yn byw yn y llyn, yna mae'n rhaid fod ganddynt hwythau sonar llawer iawn mwy effeithiol na pheiriannau ffansi *Operation Deepscan* – sonar sy'n cael ei effeithio'n ddifrifol gan synau fel peiriant cwch modur, er enghraifft. (Byddwn yn trafod hyn yn fwy manwl ymhellach ymlaen.)

LLUNIAU 1972

Bymtheng mlynedd cyn *Operation Deepscan*, fodd bynnag, roedd criw o wyddonwyr dan arweiniad Americanwr o'r enw Bob Rines wedi llwyddo i dynnu lluniau go drawiadol – o dan y dŵr.

Flwyddyn ynghynt, roedd Bob Rines yn un o'r rhai ffodus hynny sy wedi gweld Nessi ar wyneb y llyn. Gwelodd lwmp mawr oddeutu ugain troedfedd (6 metr) mewn hyd yn symud ar draws Bae Urquhart. Meddai Bob Rines wedyn: *'This finally destroyed any last*

doubts I had that we are dealing with a very large living creature here at Loch Ness.'

LLUN Y FFLIPER

Digwyddodd hyn ym mis Mehefin, 1971, a dychwelodd Bob Rines i Loch Ness y mis Awst canlynol gyda chamera tanddwr arbennig, un 'strobosgopig' oedd yn taflu golau cryf drosodd a throsodd i mewn i dywyllwch y dyfnderoedd.

Ni chafodd lwyddiant: roedd Nessi yn rhy swil o lawer i gael tynnu'i lun. *Y tro hwnnw.* Pan ddychwelodd Bob Rines i'r llyn ym 1972, cafodd well lwc o lawer. Llwyddodd i dynnu llun dramatig iawn – llun sy bellach yn enwog fel *'the flipper photograph'*.

Oherwydd dyna sydd i'w weld yn y llun hwn – ffliper rhyw anifail anferth wrth iddo nofio heibio i'r camera strobosgopig dan y dŵr.

Noson y 7fed-8fed o Awst oedd hi, ac roedd y gwyddonwyr ar gwch o'r enw *Narwhal* gyda'u hoffer sonar. Oddi tanynt yn y dŵr, roedd y camerâu strobosgopig yn

43

tynnu lluniau bob pymtheg eiliad. Aelod o'r *Loch Ness Investigation Bureau*, gŵr o'r enw Peter Davies, oedd capten y *Narwhal*, ac am chwarter i ddau yn y bore sylwodd ef fod yna gryn dipyn o brysurdeb ar sgrin fechan y peiriant sonar.

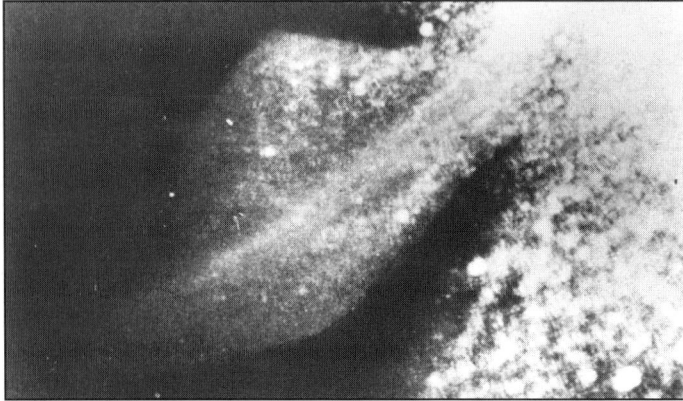

Llun 'Y Ffliper', a dynnwyd gan Bob Rines a'i griw ym 1972.

Yn hytrach nag aros yn ddotiau bach hamddenol ar y sgrin, roedd y pysgod yn y llyn o dan y *Narwhal* bellach yn rhuthro i ffwrdd – *'the fish dots were becoming streaks, as if the fish were all moving rapidly away from the area.'*

Pam?

RHWYFO DROS NESSI

'Then it started,' meddai Peter Davies, *'a big black trace started to appear. . . it got bigger and blacker and thicker. . . something huge was moving down there, very near to where the camera was.'*

Penderfynodd Peter Davies wneud rhywbeth na fuaswn i wedi'i wneud am ffortiwn – sef rhwyfo mewn cwch simsan draw at gwch mwy, y *Nan*, i nôl Bob Rines a gweddill y gwyddonwyr.

'I don't mind telling you,' meddai, *'that it was rather a strange feeling rowing across the pitch-black water knowing that there was a very large animal just thirty feet below. It was the sheer size of the echo-trace that was frightening.'*

Ie – brawychus yn wir. Erbyn iddo rwyfo yn ei ôl wedyn (do, cofiwch!) i'r *Narwhal* gyda Bob Rines, roedd pob pysgodyn wedi

diflannu oddi ar y sgrin: dim ond cysgod yr anifail mawr hwnnw oedd i'w weld.

Yna cododd gwynt ysgafn oedd yn ddigon i symud y *Narwhal* ryw ychydig. Diflannodd y cysgod oddi ar y sgrin, a methiant fu pob ymdrech i ddod o hyd iddo eilwaith.

Ond beth am y camera? Aethpwyd â'r ffilm yn ôl i America i gael ei datblygu, a chyda'i stumog yn corddi, mae'n debyg, disgwyliodd Bob Rines i weld beth oedd ar y lluniau.

Gwelodd fod *rhywbeth* wedi nofio heibio i'r camera ac yn weddol agos ato. Roedd y dŵr fel niwl, yn llawn o ddarnau mân o fawn, ond mewn dau lun roedd yna rywbeth a edrychai'n debyg iawn i ffliper rhyw anifail mawr i'w weld. Yn ôl un arbenigwr o Amgueddfa Smithsonian – *'I interpret this as a flipper-like appendage protruding from the side of a robust body.'* Ac meddai un arall: *'The general shape and form of the flipper does not fit anything known today.'*

FFLIPER FFUG

Prawf – o'r diwedd?

Dim y ffasiwn beth, meddai Ronald Binns yn *The Loch Ness Mystery Solved*. Mae'n awgrymu'n gryf mai twyll arall yw lluniau'r ffliper – tra bo Nicholas Witchell yn *The Loch Ness Story* yn gwadu hynny'n ffyrnig. Yn anffodus, chafodd y lluniau hyn mo'r sylw roedden nhw'n eu haeddu – diolch unwaith eto i'r twyllwr hwnnw, Frank Searle (gweler Pennod 7). Roedd o'n prysur droi'n dipyn o boendod erbyn hyn, a phan glywodd am luniau Bob Rines aeth ati i greu 'anghenfil' newydd sbon arall gyda dau ddrwm olew, a chynhyrchu llun arall oedd yn debycach i'r Nessi poblogaidd na'r ffliper unig yn llun tywyll Bob Rines.

LLUNIAU 1975

Dychwelodd Bob Rines i Loch Ness ym mis Mehefin, 1975, gyda chamerâu mwy cymhleth a phwerus y tro hwn. A'r canlyniad? Dau lun ysgytwol iawn – un yn

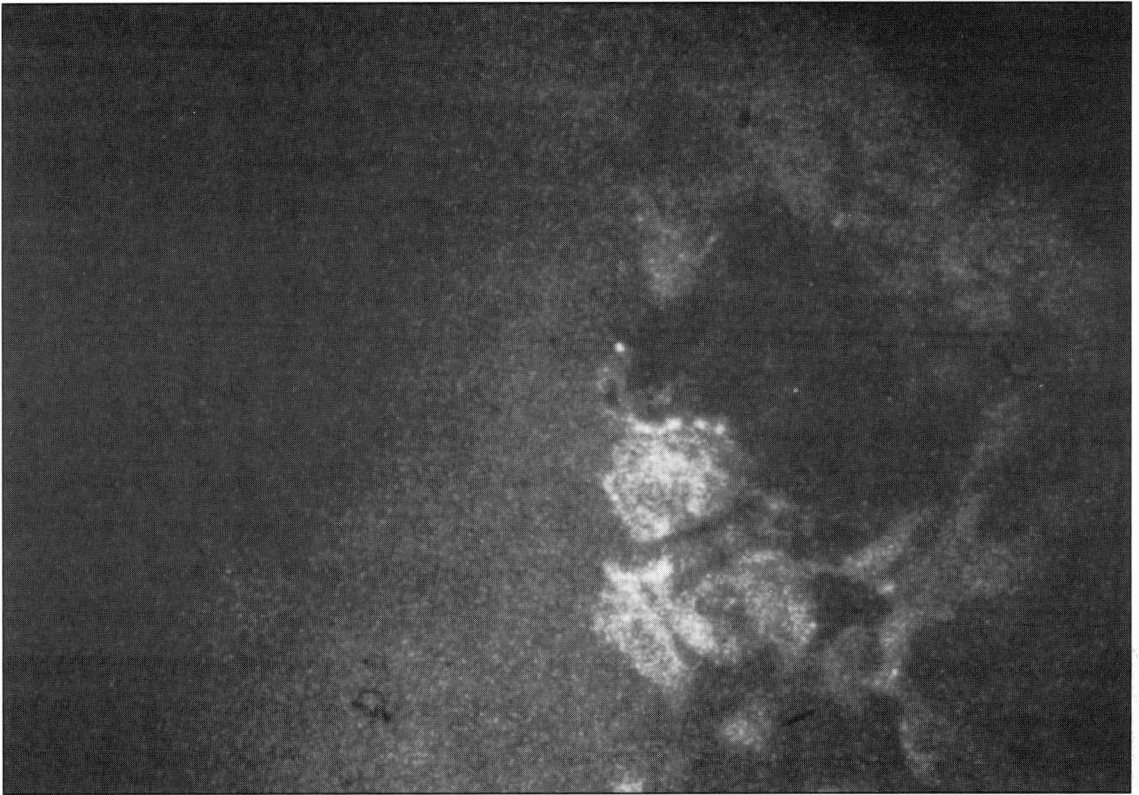

Pen ac wyneb Nessi o'r diwedd?

dangos corff a gwddf ac, efallai, ben Nessi a'r llall yn dangos *ei ben a'i wyneb!*

Yn yr argraffiad cyntaf o *The Loch Ness Story* mae Nicholas Witchell yn gwirioni'n bot gyda'r lluniau hyn, ond yn yr argraffiad diweddaraf o'r un llyfr (1989), mae'n fwy gofalus o lawer. Nid yw'n siŵr beth i'w wneud ynglŷn â'r llun o'r corff a'r gwddf, ond mae'n bendant mai llun o hen fonyn coeden yw'r 'pen a'r wyneb' wedi'r cwbl. (Gweler y llun a dynnais innau o fonyn coeden ar lannau'r llyn ger Dores: buasai gweld hwn yng ngoleuni fflach sydyn yn nüwch dyfnderoedd y llyn yn ddigon i droi gwallt rhywun yn wyn.)

Os oes amheuaeth mor bendant ynglŷn â'r llun o'r pen, felly, yna teg yw casglu fod yr un amheuaeth yn bodoli ynglŷn â'r llun o'r corff a'r gwddf hefyd. Beth all o fod? Llanast ar waelod y llyn, medd y mwyafrif.

Ond eto. . . mae ei siâp mor od. . . Na! Waeth heb â cheisio mynnu mai llun o Nessi ydyw.

Llun a dynnais i o hen goedyn ar draeth Loch Ness ger Dores. Cymharwch ef â'r llun o ben ac wyneb Nessi.

Gem o Anifail

Wedi dweud hynny, fodd bynnag, llwyddodd lluniau Bob Rines o 1972 a 1975 i ddenu sylw gwyddonol a difrifol i Loch Ness o'r diwedd. Cyn penderfynu nad oedd y lluniau'n ddigon da i gael eu hystyried fel prawf pendant o fodolaeth 'anghenfil' Loch Ness, rhoes y gwyddonwyr – gyda chymorth y naturiaethwr enwog Syr Peter Scott – enw swanc, swyddogol a Lladin i Nessi.

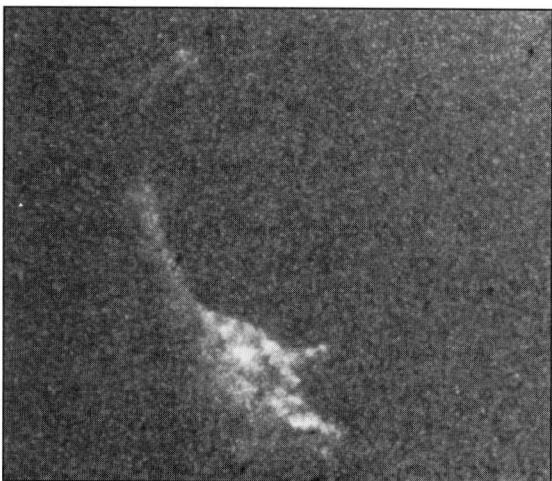

Corff a gwddf Nessi, medd rhai.

Llond ceg go iawn – *Nessiteras rhombopteryx*. Ystyr yr enw yw 'rhyfeddod Ness â'r ffin fel diemwnt'.

Neu, fel y sylwodd un coblyn o ges, anagram o'r geiriau *'monster hoax by Sir Peter S'*!

Plis, na – nid twyll arall eto fyth!

Dirgelwch y Tystion

*As I was walking down the stair
I met a man who wasn't there;
He wasn't there again today,
How I wish he'd go away.*

Sôn am ysbryd y mae'r pennill uchod – neu, yn hytrach, am rywun yn cael yr *argraff* fod yna ysbryd ar y grisiau. Er nad oedd dim byd i'w weld, mae'r person yn y gerdd yn gwybod yn iawn fod rhywun neu rywbeth arall ar y grisiau gydag ef.

Mae'r un math o brofiad yn digwydd yn aml i ymwelwyr â Loch Ness. Maent yn dychwelyd adref yn argyhoeddedig eu bod wedi gweld rhyw anifail rhyfedd yn nyfroedd y llyn.

Teg yw dweud nad yw bob un wan jac ohonyn nhw'n gywir. Ond mae hefyd yn deg i ddweud nad rhaffu celwyddau y mae'r rhan fwyaf ohonynt – maen nhw'n *meddwl yn siŵr* eu bod nhw wedi gweld Nessi. Mae hyn yn digwydd bob blwyddyn. Cyn wired ag y bo'r gwanwyn yn troi'n haf, mae rhywun neu'i gilydd yn sicr o gael cipolwg chwim ar un o greaduriaid rhyfeddol Loch Ness.

Gwerth eu Harian

Yn ei lyfr *The Loch Ness Mystery Solved*, mae Ronald Binns yn gwneud un pwynt teg iawn. Darllenir yn aml am wylwyr profiadol a gwyddonol yn astudio wyneb y llyn gyda chamerâu cryfion ac ati, ond yn gweld dim, tra bod un o'r anifeiliaid yn codi o'r dyfnderoedd dan drwyn rhyw ymwelydd cyffredin dim ond milltir i ffwrdd.

Pwynt Ronald Binns yw hyn: mae'r gwylwyr profiadol yn gyfarwydd iawn â Loch Ness, ac yn adnabod pethau fel tonnau a cheirw a dyfrgwn a hwyaid ac yn y blaen.

Llun Jennifer Bruce o Vancouver, Canada. Doedd dim byd i'w weld yn y dŵr pan gododd Jennifer ei chamera, ond pan gafodd hi ei lluniau'n ôl wedi eu datblygu... Tybed a oedd rhywbeth wedi digwydd codi'i ben (neu'i gynffon) o'r dŵr, ar yr union eiliad y gwasgodd hi gliced ei chamera?

Yr un llun wedi'i chwyddo.

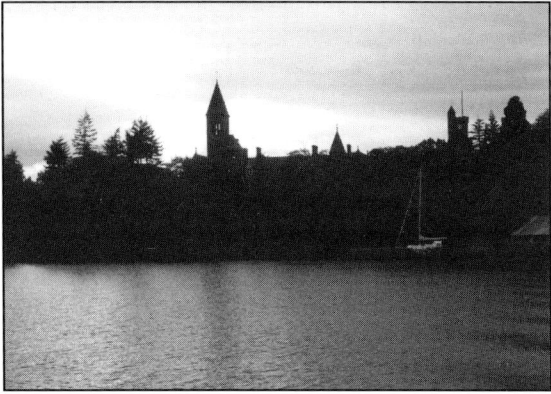

Abaty Sant Benedict, Fort Augustus. Oddi yma y gwelodd y Tad Gregory greadur rhyfedd ym 1972.

Maen nhw'n adnabod y llyn yn rhy dda i gael eu twyllo gan ei driciau. Nid felly'r ymwelydd – yn enwedig os yw'n ymweld â'r llyn am y tro cyntaf erioed.

Tasg hawdd iawn yw twyllo rhywun felly – yn wir, yn aml iawn mae arno *eisiau* cael ei dwyllo. Mae George Edwards o Drumnadrochit yn llawn straeon am dwristiaid yn grwgnach yn biwis wrtho oherwydd i Nessi beidio ag ymddangos i'w difyrru, a hwythau wedi talu'n un swydd am daith dros wyneb y llyn yn y gobaith o'i weld. Coeliwch neu beidio, mae sawl un wedi ceisio hawlio'u harian yn ôl gan George!

WIR I CHI. . .

Er mor deg yw pwynt Ronald Binns, rhaid cofio'i fod o'n un o'r rheini sy'n wfftio at y syniad o anghenfil. Mae o felly'n tueddu i ddiystyru *pob un wan jac* o'r adroddiadau rhyfedd sy wedi ymddangos dros y blynyddoedd.

A dydi hynny ddim yn deg – oherwydd ni ellir egluro rhai o'r adroddiadau hyn nac wfftio atyn nhw. Adroddiadau tawel a diffwdan, gan ymwelwyr a phobl leol, pobl sy'n dweud eu pwt ac yna'n gadael llonydd iddo, a phobl sy ddim yn debygol o elwa o gwbl drwy ddisgrifio'r hyn welson nhw.

NESSI'N NEWID

Ond. . . mae yna ddirgelwch bychan yn codi. O'r holl adroddiadau a disgrifiadau o'r anifeiliaid sydd wedi codi dros y blynyddoedd, mae nifer fawr ohonyn nhw'n gwrth-ddweud ei gilydd. *Mae'r disgrifiadau'n amrywio'n aml o un adroddiad i'r llall* – ac rwy'n sôn yma am adroddiadau sy'n cael eu trin fel rhai gonest a dilys, gan dystion sy'n bobl synhwyrol a diymhongar.

Pam, tybed? Os yw cymaint o bobl wedi gweld yr un anifail, yna siawns mai'r un disgrifiad a gawn ohono gan bob un. Ond na, ddim o gwbl.

NESSI'R DEINOSOR

Cymerwn, er enghraifft, adroddiad y Tad Gregory Brusey. Dyn tal, tawel a chwrtais iawn yw'r Tad Gregory, a phan siaradais ag ef roedd yn dysgu Cerddoriaeth yn ysgol yr Abaty Benedictaidd sydd ar lannau'r llyn yn Fort Augustus.

1972 oedd hi, meddai, ac roedd o'n cerdded hyd lan y llyn o dan yr Abaty gyda chyfaill iddo o Lundain pan sylwodd y ddau ar *'a tremendous agitation'* yn nyfroedd y bae. Yna fe welson nhw wddf hir yn ymestyn rhyw ddeg troedfedd allan o'r dŵr. Nofiodd perchennog y gwddf yn araf i'w cyfeiriad am ugain eiliad cyn diflannu o'r golwg. *'It was like some sort of dinosaur,'* meddai'r Tad Gregory, *'or some other prehistoric animal.'*

Wrth gwrs, roedd y Tad Gregory wedi clywed am anghenfil Loch Ness droeon cyn hyn. Yn wir, roedd nifer o'i gyd-fynaich wedi gweld Nessi dros y blynyddoedd: y Tad Aloysius Carruth ym 1965, a'i frawd Msgr.G.E.Carruth ym 1940, i enwi dim ond dau.

Hyd y gwn i, nid yw mynaich yn enwog am raffu celwyddau er mwyn tynnu sylw atyn nhw'u hunain. Os rhywbeth, eisiau llonydd a heddwch maen nhw, nid sylw'r byd. Yn ei llyfr *More Than a Legend* mae Constance Whyte yn dyfynnu geiriau dyn o'r enw Syr David Hunter Blair, Abad Dunfermline, a oedd yn argyhoeddedig fod yna anifail go od yn byw yn Loch Ness:

'I became and remain absolutely convinced on the testimony of a veritable cloud of credible eye-witnesses. . . that a weird and mysterious creature does really and truly haunt these deep waters.'

Yn ddifyr iawn, nid oes sôn am dystiolaeth y Tad Gregory yn llyfr Ronald Binns, er bod y Tad bellach yn ddyn go enwog, diolch i'w ymddangosiadau ar raglenni teledu ac mewn ffilmiau am Loch Ness. Yn wir, nid yw'n sôn am yr Abaty o gwbl. Pam, ysgwn i? Tybed a yw hyd yn oed yr arch-wfftiwr hwn yn gyndyn o amau gair mynach parchus?

OFN

Beth bynnag am hynny, gwnaeth Nessi gryn argraff ar y Tad Gregory. Daeth teimlad o ofn drosto ef a'i gyfaill, meddai; roedd yr anifail fel petai'n perthyn i ryw hen oes gyntefig, gynhanesyddol, ac nid i'r ugeinfed ganrif 'gall'. Yn sicr, nid yw'r Tad yn debygol o anghofio'r hyn a welodd y bore braf hwnnw o Hydref.

Yr hyn sy'n bwysig am yr adroddiad yma yw'r ffaith nad oedd y Tad Gregory yno *ar ei ben ei hun*. Organydd o fri o Bontsteffan yn Llundain oedd gydag ef, gŵr o'r enw Roger Pugh. Fe welodd y ddau ohonyn nhw yr un peth yn union – hynny yw, nid oedd y naill am gyhuddo'r llall o weld pethau, nac o ddweud celwydd. Cafodd y ddau, os rhywbeth, eu hysgwyd yn fawr.

BRAW

A chwarae teg, pwy all eu beio? Er bod cymaint o bobl yn heidio at lannau Loch Ness bob blwyddyn gan obeithio gweld yr 'anghenfil', nid profiad pleserus bob amser yw dod ar ei draws. Cafodd Alex Campbell (y gŵr a gychwynnodd yr holl stŵr ym 1933 gyda'i adroddiad yn yr *Inverness Chronicle* am yr hyn a welodd Mr. a Mrs.Mackay yn nyfroedd y llyn) andros o fraw un diwrnod yng nghanol y pumdegau, pan oedd allan yn ei gwch ar y llyn. . .

'Without any warning the boat started to heave underneath me. It was terrifying. . . I was really scared – honest to goodness I was. It is the only time I have ever felt frightened on this loch in my whole life. . . I didn't even dare move to the stern to start the motor.'

DYCHRYN

Wel, ie – sioc ar y naw fuasai rhwyfo'n braf dros wyneb y dŵr, a rhyw fwystfil anferth yn codi o'r dyfnderoedd oddi tanoch! Hawdd iawn hefyd yw dychmygu'r braw a gafodd Mr. a Mrs.Spicer, a'r milfeddyg ifanc, Mr.Grant, pan welson nhw un o anifeiliaid y llyn yn croesi'r ffordd fawr o'u blaenau. Un peth yw cael cip ar Nessi yn nŵr y llyn: yno, wedi'r cwbl, mae ei le. Ond stori go wahanol yw dod wyneb yn wyneb ag ef neu hi, yn bowld i gyd, ar ganol y ffordd fawr!

STERICS

Ni ellir gwadu fod y syniad o weld un o'r anifeiliaid yn un cyffrous iawn, ond nid yw bob amser yn brofiad braf. Yn wir, gall fod yn brofiad brawychus dros ben, yn enwedig os ydych chi ar wyneb y llyn, ymhell o'r glannau diogel, ar y pryd. Yn *The Loch Ness Story* mae Nicholas Witchell yn sôn am ddau achlysur gwahanol pan ddychrynwyd y tystion am eu bywydau. Yn ystod y Rhyfel Byd Cyntaf, llewygodd gŵr o'r enw James Cameron pan gododd rhyw 'anifail anferth' yn agos i'w gwch tra oedd yn pysgota ym Mae Urquhart (stori go debyg i un y beili Alex Campbell). Daeth ato'i hun yn gorwedd ar waelod ei gwch; trwy drugaredd, ni syrthiodd i mewn i'r llyn wrth lewygu.

Hefyd, ym 1889, dychrynwyd dau frawd – pysgotwyr eto – gan ymddangosiad sydyn un o'r anifeiliaid, i'r fath raddau nes eu bod yn hollol hysteraidd erbyn dychwelyd i'r lan. Anodd iawn yw gweld unrhyw fai arnyn nhw, wir – mae unrhyw un sy wedi gweld y ffilm *Jaws* yn gallu rhannu yn yr ofn o ganfod bwystfil mawr yn codi o'r dyfnderoedd.

Ond ydy'r anifeiliaid hyn yn beryglus? Heblaw am y dyn anffodus hwnnw yn y chwedl am Sant Columba, does yna ddim sôn am Nessi yn ymosod ar neb. Creadur diniwed a swil ydyw, yn ôl pob tystiolaeth. Efallai na fyddai'n eich llyncu'n fyw petaech yn syrthio i mewn i'r dŵr ato, ond os yw'n digwydd codi fel dyfrfarch o dan eich cwch gan eich dymchwel i'r llyn, mae yna bosibilrwydd cryf iawn mai boddi fuasai eich hanes, diolch yn bennaf i oerni aruthrol y dŵr.

PENBLETH

Un disgrifiad o anifeiliaid Loch Ness felly yw, yng ngeiriau'r Tad Gregory, *'like a* dinosaur', gyda gwddf hir a chul yn ymwthio allan o'r dŵr. Disgrifiad go debyg yw'r un gan ddau weithiwr cyngor o Inverness – *'what appeared to be a serpent with a horse's head'*.

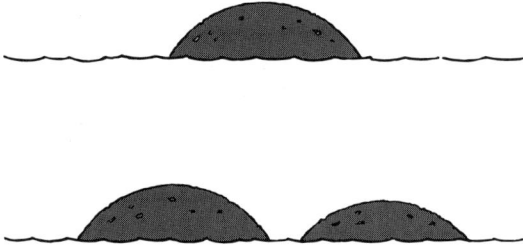

Mae yna nifer o dystion wedi cyfeirio at ben yr anifail – rhai, fel y ddau ddyn uchod, yn dweud ei fod yn debyg i ben ceffyl, ond eraill yn mynnu ei fod yn debycach i ben neidr.

Mae yna anghytuno felly ynglŷn â phen Nessi. Beth am weddill ei gorff?

Mwy o anghytuno, mae arna i ofn.

Ceir llawer o dystion yn sôn am lwmp neu grwb tywyll yn symud dros wyneb y dŵr cyn diflannu i'r dyfnderoedd. Un crwb gan amlaf, ond weithiau dau, neu hyd yn oed dri (mae yna beth bynnag ddau grwb i'w gweld yn y llun a dynnwyd gan P.A.MacNab ger Castell Urquhart ym 1955, ond dim ond un crwb sydd yn y lluniau a dynnwyd gan George Edwards).

Y crwb, y gyddfau a'r 'cwch wyneb i waered'. Pedwar anifail gwahanol – ynteu'r un un, yn dangos gwahanol rannau o'i gorff?

50

Dim sôn am wddf hir na phen fel pen neidr. Ond efallai mai cefn yr anifail yw'r 'lwmp', a bod ei ben o'r golwg o dan y dŵr. Efallai hefyd fod Nessi yn gallu amrywio nifer ei grybiau, a'u bod yn gweithio fel sachau o aer.

Y trydydd disgrifiad poblogaidd yw'r un sy'n dweud fod yr anifail yn atgoffa'r tystion o gwch wedi'i droi wyneb i waered. Nid yw hwn mor ddramatig o bell ffordd â'r disgrifiad o'r gwddf hir, ond dyma'r un a glywir yn fwy aml na'r un arall. Yn wir, mae sawl tyst wedi cymryd mai cwch *oedd* yn y dŵr – nes iddo ef neu hi edrych ar yr un man eiliadau yn ddiweddarach a sylweddoli bod y 'cwch' wedi diflannu o'r golwg.

Y Cerrig Gwlyb

Mae'n bosib felly fod nifer o bobl wedi gweld Nessi heb sylweddoli mai dyna a welson nhw. Profiad tebyg iawn i hyn gafodd Gavin Maxwell, yr awdur a ysgrifennodd y llyfr enwog hwnnw am ddyfrgwn, *Ring of Bright Water*.

Mewn erthygl yn dwyn y teitl *I Saw the Secret of the Loch*, mae o'n cyfeirio at y teimlad rhyfedd hwnnw o anesmwythyd a geir o bryd i'w gilydd ar lannau Loch Ness:

'Loch Ness. . . seems to reach out at you as if it were a thing sentient and aware, creating a feeling of unease even under a summer sun.'

Mae Maxwell yn cyfaddef fod y straeon am 'angenfilod' yn byw yn y llyn yn gallu chwarae mig â'r dychymyg a helpu i greu y teimlad annifyr hwn, *'but such things were not in my conscious mind when, in September 1946, I saw something quite unspectacular, but also quite inexplicable in the Loch.'*

Rhyw bedair milltir y tu allan i Invermoriston, ar ochr ogleddol y llyn, dringodd allan o'i gar am ychydig o awyr iach. Yn y dŵr, gwelodd dopiau rhes o gerrig a edrychai fel petaen nhw'n rhan o hen glawdd a oedd, am ryw reswm, wedi ei adeiladu yn y dŵr – neu ar dir sych, a bod lefel y llyn wedi codi ers iddo gael ei godi. Er bod wyneb y llyn yn llonydd, roedd hi'n bwrw glaw mân ar y pryd. Meddai Maxwell:

'The "humps" just looked like wet stones and I would not have given them a second thought. But

when I returned a minute or so later they were not there. There was a series of small concentric rings where they had been – no big disturbance and no visible solid objects.'

Nid yw Gavin Maxwell yn dweud faint o'r 'cerrig' hyn oedd yn y dŵr, dim ond eu bod yn ymestyn rhwng 10 a 15 llath (9-13 metr) o'r lan. Yr hyn sy'n bwysig yma yw'r ffaith nad oedden nhw'n edrych fel anifail o gwbl – dim ond wedyn, ar ôl gweld bod y 'cerrig' wedi diflannu, y sylweddolodd Maxwell ei fod yntau'n awr yn un o'r tystion sy wedi gweld Nessi.

Dim gwddf hir a phen neidr neu geffyl, felly – dim byd tebyg i ddeinosor, dim un crwb ychwaith, ond *cyfres* o grybiau. Os mai un anifail yn unig oedd yn y fan ar y pryd, yna roedd yn goblyn o anifail mawr – rhwng 9 a 13 metr o hyd.

Efallai bod yno sawl anifail – praidd ohonyn nhw, wedi cymryd hoe fechan o'u pysgota er mwyn llenwi'r sachau hynod hynny ar eu cefnau gydag aer cyn dychwelyd i'r dyfnderoedd tywyll.

NEWID SIÂP

Pam, felly, fod yr holl dystion dros y blynyddoedd wedi methu cytuno ynglŷn â ffurf Nessi?

Un rheswm, efallai, yw mai dim ond cipolwg ohono gawson nhw. Rydym yn gwybod bellach mai anifail hynod o swil yw Nessi ar y gorau, a thuedda i ddiflannu cyn bod neb yn gallu mynd yn weddol agos ato.

Gellir dadlau mai ei gefn yw'r crybiau sydd i'w gweld ar wyneb y llyn o bryd i'w gilydd. Mae'r pen a'r gwddf yn aros dan wyneb y dŵr gan amlaf – sy'n ddigon naturiol os mai pysgota y mae'r anifail ar y pryd.

Neu efallai ei fod yn anifail sy'n gallu newid ei siâp i raddau helaeth – fel sy'n cael ei awgrymu gan y stori nesaf.

STORI FRAWYCHUS

'The peculiarly sinister aura of Loch Ness, experienced by so many people for hundreds of years,' meddai Gavin Maxwell, *'is difficult to explain by the facts as we know them.'*

Mae'n wir mai lle go 'sbŵci' yw Loch Ness ar brydiau, yn enwedig os ydych ar eich pen

Loch Ness fin nos – lle i godi ofn ar rywun nerfus.

eich hun mewn cwch bychan, simsan a hithau'n dechrau tywyllu. Mae'n hawdd teimlo braidd yn nerfus wrth sefyll ar y lan, hyd yn oed; byth ers i mi glywed y stori yma, rwy'n ei chael hi'n anodd i loetran yn rhy hir ar lannau'r llyn fin nos.

TAWEL NOS

Un gyda'r nos, roedd gŵr lleol allan yn ei gwch yn pysgota rhwng Fort Augustus a Foyers. O edrych ar y map, gwelwn nad oes yna ffordd fawr yn rhedeg heibio i'r llyn fan hyn; yn hytrach crwydra'r ffordd i fyny dros y bryniau, cyn ail-gwrdd â'r llyn yr ochr bellaf i Foyers. Tyf y coed yn dew ac yn wyllt ar y llethrau serth sy'n arwain i lawr at lan y llyn – un o'r mannau tawelaf a mwyaf diogel os ydych yn anifail mawr a swil, ac eisiau ychydig o lonydd.

A noson dawel a llonydd oedd hi pan rwyfodd y pysgotwr lleol hwn i'r lan. Roedd wedi bod yn eistedd yn ei gwch bychan am rai oriau, ac roedd arno eisiau gorffwys ei freichiau a cherdded ychydig er mwyn lleddfu rhywfaint ar gyhyrau ei goesau. Dringodd allan o'i gwch a thanio'i bibell cyn penderfynu mynd am dro i fyny'r traeth bychan, caregog a chul. I ffwrdd ag ef, gyda'i esgidiau'n crensian drwy'r cerrig, a'r dŵr yn rhoi swsys clec ysgafn i'r lan.

Dim ond i fyny at y tro bychan acw, meddyliodd, cyn dychwelyd at y cwch a rhwyfo'n ôl adref am damaid o swper a noson ddiog o flaen y teledu.

Cyrhaeddodd y tro, ac mae'r hyn a welodd ar y traeth nesaf wedi achosi sawl breuddwyd cas iddo fyth ers hynny. Wedi'i lapio'i hun o amgylch un graig fawr a ymwthiai allan o'r dŵr, dim ond ychydig droedfeddi o'r lan, roedd yr anifail hyllaf a welodd yn ei fywyd – os anifail hefyd. Roedd yn debycach, meddai, i lysywen anferthol, ddu, neu hyd yn oed wlithen (slug) enfawr ac anghynnes. Gallai weld blew cwrs yn tyfu ar ambell ran o'i gorff – corff a newidiai ei siâp o un eiliad i'r llall wrth i'r pen symud yn ôl ac ymlaen yn ddall, fel petai'r bwystfil yn ceisio synhwyro ble yn union roedd y dŵr. Trodd y pysgotwr ar ei sodlau a rhedodd o'r fan am ei fywyd, ac wrth iddo fynd clywodd sŵn sblasio yn dod o'r tu ôl iddo – roedd yr anghenfil, mae'n rhaid, wedi llwyddo i ddychwelyd i ddyfroedd dwfn a thywyll Loch Ness.

Rhaid i mi fod yn onest a dweud mai dim ond clywed am hyn wnes i. Wn i ddim pwy oedd y pysgotwr, ond taerodd y sawl a ddywedodd yr hanes hynod yma wrthyf ei bod yn wir bob gair. Adrodd y stori'n ddistaw bach i'm cyfaill i wnaeth y pysgotwr, a doedd o ddim am i'r byd a'r betws wybod amdani.

Ond os yw hi'n stori wir, yna mae hi'n un frawychus iawn, ac yn un ddiddorol dros ben. Dyma o'r diwedd dyst a fu'n ddigon agos at un o'r anifeiliaid i fedru rhoi disgrifiad go fanwl ohono.

Mae'r disgrifiad o'r anifail yn newid ei siâp yn un pwysig iawn. Buasai hyn yn egluro pam fod cymaint o'r tystion dros y blynyddoedd yn anghytuno ynglŷn â siâp Nessi.

Ydy hyn yn golygu fod yna dri math gwahanol o anifail yn byw yn Loch Ness? Go brin. Buasai'r llyn yn debyg i sw neu acwariwm go ryfeddol petai hynny'n wir. Na, rhyw greadur sy'n gallu newid rhywfaint ar ei siâp yw Nessi, ond heblaw am y stori uchod – sydd heb ei chadarnhau, cofiwch – does yna neb hyd yma wedi bod yn ddigon agos at un o'r anifeiliaid, a hynny am gyfnod digon hir i syllu arno'n iawn, i fedru dweud yn bendant wrthym beth yn union yw ei siâp.

52

PENNOD 11

CYCHOD

Ar ochr y briffordd ogleddol sy'n rhedeg heibio i Loch Ness, mae yna gofgolofn i 'A Very Gallant Gentleman'. John Cobb oedd enw'r gŵr hwn, ac mae iddo le arbennig yn hanes Loch Ness – oherwydd credwyd ar un adeg iddo gael ei ladd gan un o anifeiliaid y llyn.

Y gofgolofn i John Cobb, a fu farw ar Loch Ness ym 1952.

Gyrrwr cychod rasio oedd John Cobb, ac ar y 26ain o Awst, 1952, daeth i Loch Ness gyda'r bwriad o dorri'r record am wibio dros wyneb y dŵr. Enw'r cwch oedd y Crusader, ac ar ôl ymarfer am rai wythnosau teimlai John Cobb ar y 29ain o Fedi ei fod yn barod i fynd am y record.

TRYCHINEB AR Y LOCH

Bore braf oedd hi, ac roedd wyneb y llyn fel gwydr – dim niwl, dim gwynt a dim tonnau o gwbl. Yn gynharach, bu nifer o gychod yn ôl ac ymlaen ar hyd y llyn yn clirio boncyffion ac unrhyw sbwriel tebyg a allai achosi damwain ddifrifol i ddyn oedd yn bwriadu saethu dros y dŵr ar gyflymder uchel iawn.

Gyrrodd Cobb i fyny'r llyn un waith, cyn troi a mynd am y record go iawn. Llwyddodd i dorri'r record pan gyrhaeddodd gyflymder o 206 milltir (331km) yr awr. Roedd pawb oedd yno'n gwylio wrthi'n rhyfeddu at hyn pan yrrodd y *Crusader* i mewn i ryw fath o gynnwrf yn y dŵr. Chwalodd yn yfflon yn y fan a'r lle.

Roedd Cobb yn fyw pan dynnwyd ef allan o sgerbwd y *Crusader*; roedd ei siwt rwber wedi ei arbed rhag rhewi a suddo yn nŵr oer y llyn, ond bu farw'n fuan iawn wedyn.

BEIO NESSI

Ond beth oedd wedi achosi'r cynnwrf yn y dŵr – y cynnwrf a laddodd John Cobb? Yn anochel, Nessi gafodd y bai gan lawer iawn o bobl. Aeth rhai mor bell â dweud iddyn nhw gael cipolwg ar siâp mawr du yn codi o'r dyfnderoedd eiliad neu ddau cyn i'r *Crusader* ei daro.

Gwnaethpwyd môr a mynydd o'r ffaith fod wyneb y llyn yn hollol glir o unrhyw sbwriel, ac yn wir dim ond tameidiau o'r *Crusader* oedd yn arnofio ar yr wyneb pan aethpwyd allan i archwilio'r ddamwain ofnadwy yma. Pwysleiswyd dro ar ôl tro nad oedd yna unrhyw beth caled ar wyneb Loch Ness fyddai wedi gallu achosi'r fath ddamwain.

Ond *cynnwrf* yn y dŵr oedd yn gyfrifol am y ddamwain. Dydy darnau o goed marw ddim yn cynhyrfu'r dŵr: creaduriaid byw sy'n gwneud hynny.

Wel, ie – ond nid bob amser.

O BLAID AC YN ERBYN

Bu cryn ddadlau yn sgil y ddamwain. Dywedai rhai, os oedd yna anghenfil yn y llyn, yna buasai'r ergyd yn ddigon i'w ladd yntau hefyd. Ble, felly, roedd ei gorff? Ac o ran hynny, pam nad oedd yna'r un corpws erioed wedi'i ddarganfod ar lannau Loch Ness?

Roedd ateb parod gan y rhai a gredai'n gryf ym modolaeth Nessi. Dydi'r llyn, meddent, ddim yn ildio'i gyrff marw (roedd Cobb yn dal yn fyw pan dynnwyd ef o'r dŵr; dim ond wedyn, ar ôl cyrraedd tir sych, y bu farw). Mae cyrff marw, dadleuent, yn suddo i waelod y llyn ac yn glynu i'r llaid tew sy'n gorwedd ar ei waelod.

O'r gorau 'ta, meddai'r anghredinwyr. Mae'r anghenfil – os ydi o'n bodoli o gwbl – yn un diarhebol o swil yn ôl pob sôn, ac yn dianc rhag unrhyw dwrw. Buasai sŵn peiriant y *Crusader* yn sicr o'i gadw reit yng ngwaelodion y llyn.

Y geiriau ar gofgolofn John Cobb.

Na, meddai'r lleill. Roedd i beiriant y *Crusader* sŵn unigryw iawn, ac efallai ei fod ar ryw donfedd arbennig oedd yn treiddio drwy ymennydd bychan Nessi gan fynd ar ei nerfau yn y modd mwyaf ofnadwy a'i yrru'n wallgof ac yn gynddeiriog – a *dyna* pam y cododd i'r wyneb.

Chwarae teg rŵan!

DIEUOG?

Mae'n haws gen i gredu'r ddadl gyntaf – sef bod twrw peiriant y *Crusader* wedi hel yr anifeiliaid i ddiogelwch tawel y dyfnderoedd. Yn ôl yr holl dystiolaeth, maen nhw'n tueddu i osgoi pob cwch modur; yn wir, maen nhw hefyd yn cadw'n ddigon pell oddi wrth gychod rhwyfo – os nad ydyn nhw'n digwydd codi'n ddamweiniol reit o dan un a rhoi ffit binc i'r cychwr anffodus, fel yn achos y beili Alex Campbell.

Go brin, felly, mai Nessi a laddodd John Cobb. Ar ddiwrnod braf fel un Medi 29ain,

1952, gyda'r llyn yn llonydd fel gwydr, mae olion cychod yn parhau ar wyneb y dŵr am gyfnod go hir cyn setlo i lawr. Cofiwch fod Cobb wedi bod i fyny'r llyn un waith cyn troi a mynd am y record. Mwy na thebyg, gyrru i mewn i'w lwybr ei hun a wnaeth o, ac mai dyna greodd y 'cynnwrf' ar wyneb y dŵr, nid unrhyw anifail. Os oes yna fwystfilod o ryw fath yn Loch Ness, yna mae'n debyg i'r holl brysurdeb a fu ar wyneb y llyn yn ystod Awst a Medi 1952 fod yn ddigon i'w cadw ymhell o olwg pawb dan wyneb y dŵr.

ERGYD ARALL I NESSI

Ond fel sy'n digwydd yn aml wrth i rywun astudio hanes Loch Ness, mae yna eithriadau i bob patrwm, oherwydd yn ystod yr Ail Ryfel Byd, a naw mlynedd cyn marwolaeth John Cobb, digwyddodd damwain arall ar wyneb y llyn – pan drawodd un o gychod y Llynges Frenhinol un o'r anifeiliaid.

Bad go fawr oedd y cwch, wrthi'n hwylio drwy Gamlas Caledonia ar ei ffordd i Abertawe o Leith dan ofal yr Is-gomander Francis Russell Flint. Doedd y bad ddim yn bell o Fort Augustus pan deimlodd pawb ergyd egr iawn – digon i beri i sawl un syrthio'n ôl, fel petai'r bad wedi taro yn erbyn craig gadarn. Roedd hyn yn amhosib, gan fod y bad fwy neu lai yng nghanol y llyn ar y pryd.

Edrychodd pawb dros yr ochr i weld yr hyn a ddisgrifiwyd gan Comander Flint yn ddiweddarach fel *'a very large animal form which disappeared in a flurry of water. It was definitely a living creature – certainly not debris or anything like that'*.

Digwyddiad prin iawn – os nad unigryw – oedd hwn. Rhaid i mi ddweud, dydy o ddim yn swnio o gwbl fel y Nessi swil rydym ni'n ei adnabod. Diflannu i'r dyfnderoedd 'megis seren wib' er mwyn osgoi unrhyw sŵn a wnâi gan amlaf; os ewch am drip mewn cwch i fyny ac i lawr Loch Ness, go brin y byddwch yn ddigon ffodus i weld un o'r anifeiliaid swil hyn. Ond fel awgryma Nicholas Witchell yn ei lyfr, efallai fod yr anifail a drawodd yn erbyn bad Comander Flint yn hen ac yn fusgrell ac yn sâl. Neu efallai ei fod yn gysglyd – yn ôl Comander

Flint, roedd hi'n ddiwrnod bendigedig o braf a chynnes – a'i fod yn rhy swrth i sylwi rhyw lawer ar sŵn y bad yn agosáu.

ANTUR JIMMY AYTON

Soniais yn gynharach fod gweld un o'r anifeiliaid yn gallu codi ofn go fawr ar bobl. Ddigwyddodd hynny ddim i Jimmy Ayton. Pan welodd o Nessi, neidiodd i mewn i'w gwch a chychwyn ar ei ôl ar draws y llyn!

Mae Nicholas Witchell yn adrodd un fersiwn o'r stori hon yn *The Loch Ness Story*, ond pan siaradais i efo Jimmy Ayton yn Inverness un haf, fersiwn tra gwahanol a gefais ganddo.

Jimmy Ayton o Inverness, a welodd *bump* o'r anifeiliaid yr un pryd ym mis Awst, 1963.

Digwyddodd antur Jimmy Ayton ym mis Awst, 1963. Ffermwr oedd ei dad, Hugh, ac roedd y ddau ohonyn nhw'n gweithio mewn cae a berthynai i'w fferm, Balachladaich Farm, sy heb fod ymhell o Dores. Roedd dyn o'r enw Alastair Grant gyda nhw, a dyn arall o'r enw Fred Gerrard (sy bellach wedi ymfudo i Ganada).

Yn ôl y fersiwn o'r stori yn llyfr Witchell, gwelodd Jimmy rywbeth yn symud ar draws wyneb y llyn llonydd – rhywbeth oedd yn fawr ac yn ddu ac yn symud yn hollol dawel. *'It was eerie, it really was,'* meddai Hugh, tad Jimmy, yn ôl Witchell.

WYNEB YN WYNEB

'Eerie' neu beidio, neidiodd y dynion i mewn i gwch rhwyfo oedd â pheiriant bychan ynddo a chychwyn ar draws y llyn ar ôl yr

anifail! Wrth iddyn nhw nesáu ato, gwelsant fod ganddo wddf hir *'and a head which reminded me rather of a horse, though bigger and flatter. The body was made up of three low humps – about thirty to forty feet in all, and about four feet high'*.

Wedi i'r dynion gyrraedd o fewn hanner can llath at yr anifail, diflannodd o dan y dŵr *'and put up an enormous disturbance which swirled the boat around'*.

Mae'r stori yma'n un ddigon difyr ynddi'i hun – roedd angen cryn dipyn o blwc i neidio i mewn i gwch rhwyfo a cheisio dal yr anifail mawr hwn. Ond pan gwrddais i â Jimmy Ayton, roedd ganddo stori sy, os rhywbeth, yn fwy difyr fyth na fersiwn ei dad.

PUM NESSI

Yn ôl Jimmy, nid un anifail a welodd yn nyfroedd y llyn y diwrnod braf hwnnw o Awst – *ond pump!* Gwelodd o leiaf bump gwddf hir yn ymwthio allan o'r dŵr, efallai chwech – nid un anifail mawr du fel yn y fersiwn uchod. Mae'n wir bod y dynion wedi neidio i mewn i'r cwch rhwyfo, a dechreuodd Alastair Grant rwyfo fel coblyn tra oedd Jimmy yn chwysu'n galed yn ceisio tanio'r peiriant.

Llwyddodd o'r diwedd, a rhaid fod sŵn y peiriant wedi dychryn rhai o'r anifeiliaid oherwydd dechreuasant ddiflannu fesul un o dan wyneb y dŵr. Erbyn i Jimmy a'i griw gyrraedd yn weddol agos atynt, dim ond un anifail oedd ar ôl. Trodd y pen fflat yn araf, ar y gwddf hir, fel petai am ddwrdio Jimmy am feiddio difetha'i brynhawn, cyn suddo'n araf o'r golwg i ddyfnderoedd y llyn, efo'i frodyr a'i chwiorydd.

Mae'r stori yma'n unigryw, a dweud y lleiaf. Dyma'r tro cyntaf, a'r unig dro hyd yn hyn – hyd y gwn i – i rywun weld pump o'r anifeiliaid gyda'i gilydd yr un pryd. Roedd criw o wyth o bobl ym 1950 wedi gweld tri ohonynt yn nofio gyda'i gilydd, un mawr yn y canol ac un llai bob ochr iddo. Mam yn mynd â'i chywion am dro, efallai?

Roedd Jimmy Ayton o fewn ychydig fetrau i'r Nessi olaf cyn i'r anifail suddo o'r golwg. Du oedd ei liw, meddai, gyda gwddf o'r un siâp â gwddf alarch, ond yn dewach o gryn dipyn, a phen fflat, fel pen neidr, gan bob un ohonynt.

OFN DWEUD

Pam fod y ddwy stori – er yn debyg mewn mannau – mor wahanol? Y prif wahaniaeth yw nifer yr anifeiliaid. Yn ôl Jimmy, dyn tawel a swil iawn oedd ei dad, Hugh, ac roedd yn gyndyn o adrodd ei stori yn y lle cyntaf. Cofiwch hefyd fod y ffaith fod rhywun yn cyfaddef yn gyhoeddus iddo weld 'anghenfil' Loch Ness yn gallu creu problemau – mae mwy na digon o bobl hyd heddiw yn barod iawn i wneud hwyl am ben y tystion. Efallai, i ddyn swil a thawedog fel Hugh Ayton, fod cyfaddef iddo weld *un* anifail yn hen ddigon, heb sôn am bump!

LLUNIAU GEORGE EDWARDS

Byddaf yn dychwelyd at y stori hynod yma cyn diwedd y llyfr, ond ni fedraf adael y bennod hon heb sôn am George Edwards. Mae George yn cynnal tripiau cwch ar Loch Ness, ac ni fedraf feddwl am berson mwy difyr i'ch tywys o gwmpas y llyn. Mi ddysgwch chi fwy am y llyn – a'i gynnwys – mewn awr yng nghwmni George na phetaech chi'n eistedd i lawr drwy'r dydd gyda llyfr.

Mae George wedi gweld Nessi dros hanner dwsin o weithiau – fel ag y mae nifer fawr o bobl eraill yr ardal wedi'i wneud. Un dydd ym mis Mehefin, 1986, llwyddodd i dynnu dau lun o un o anifeiliaid y llyn, a bu'n

George Edwards o Drumnadrochit, sy wedi gweld Nessi sawl gwaith.

Dau lun o'r crwb yn y dŵr, gan George Edwards.

ddigon caredig i roi ei ganiatâd i mi eu cynnwys yn y llyfr hwn. Nid yw'r lluniau yma wedi ymddangos yn unman arall.

LLUNIAU UNIGRYW

Ym Mae Urquhart y tynnwyd y lluniau, un o fannau dyfnaf Loch Ness. Yn y llun cyntaf (yr un gyda Chastell Urquhart yn y cefndir) gwelir yn glir fod yna grwb neu lwmp du yn y dŵr rhwng y castell a chwch George. Sylwch hefyd fod y llyn yn bell o fod yn llonydd fel gwydr, ond serch hynny mae'r crwb i'w weld yn amlwg yn y tonnau llwydion. Anodd iawn fuasai i neb feddwl am eiliad mai ôl cwch sy wedi creu y lwmp hwn; mae'n amlwg hefyd nad dyfrgi ydyw, na morlo – mae'n rhy fawr o lawer.

Yn yr ail lun, mae'r crwb yn amlwg yn symud gan greu ôl neu lwybr pendant. Ni ellir dadlau fod yna rywbeth go sylweddol yn symud drwy'r dŵr. Efallai mai peiriant cwch George a'i dychrynodd, oherwydd diflannodd yr anifail o dan y tonnau rai eiliadau ar ôl i George dynnu'r llun.

Ar ei gwch mae gan George beiriant sonar. Erbyn iddo gyrraedd y fan lle'r oedd yr anifail eiliadau ynghynt, doedd dim golwg ohono heblaw am ei olion ar y sgrin sonar. Mae'r trydydd llun yn dangos fod yr anifail wedi disgyn i ddyfnder o ryw 750 o droedfeddi (230m), a hynny o fewn cyfnod byr iawn o amser.

Mae lluniau George yn dangos anifail tebyg i'r un sydd i'w weld ar ffilm enwog Tim Dinsdale – dim gwddf hir fel un alarch, dim pen fflat fel un neidr neu geffyl, ond un crwb mawr, tywyll a phendant, yn symud yn hamddenol drwy'r llyn cyn diflannu o'r golwg. Rhaid fod y gwddf a'r pen o dan y dŵr yn rhywle.

Beth yn union oedd o? Wel, dyna'r cwestiwn y byddwn yn ceisio'i drafod yn y bennod nesaf.

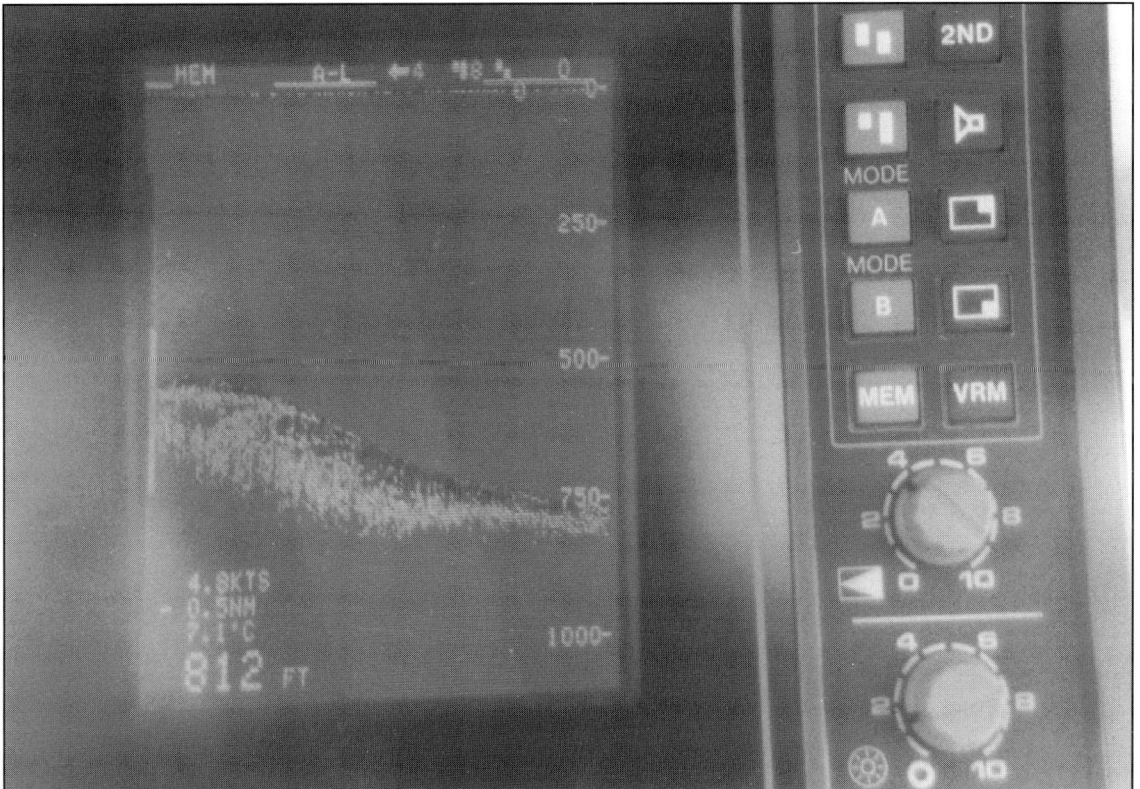

Sgrin y peiriant sonar ar gwch George Edwards. Gwelir fod y creadur wedi disgyn i ddyfnder o 750 troedfedd (230m) mewn cyfnod byr iawn.

BETH YW NESSI?

Os oes yna anifail mawr rhyfedd yn byw yn Loch Ness, yna pa fath o anifail ydy o? Mae'r cwestiwn yma – hyd yn hyn, beth bynnag – yn un amhosib ei ateb yn llawn. Yr unig beth i'w wneud, felly, yw ceisio creu darlun ohono drwy fynd efo crib mân drwy'r holl adroddiadau. Efallai wedyn y bydd rhyw syniad gennym o *ba fath* o anifail yw Nessi.

Ac yn syth bìn, mae gennym broblemau. Fel rydym eisoes wedi ei weld, anodd yw cael darlun cyflawn ohono; mae cymaint o'r tystion yn anghytuno ynglŷn â beth yn union welson nhw yn y llyn, yn ystod y cipolwg chwim ac annisgwyl hwnnw a gawsant o'r anifail. Ai deinosor o greadur? Ai llysywen fawr? Ai rhywbeth anferth a du, a chrybiau ar ei gefn?

HELP. . . !!

Ond ara' deg, dydy hi ddim ar ben arnon ni. Cyn torri'n calonnau'n llwyr a rhoi'r ffidil yn y to, gadewch i ni edrych yn ofalus ar yr hyn rydym yn ei wybod yn barod.

PWYSO A MESUR

Rwy'n gobeithio'n fawr eich bod wedi sylweddoli hyn, ond drwy gydol y llyfr rwyf wedi sôn am 'anifeiliaid' Loch Ness. Dw i ddim yn hoffi'r gair 'anghenfil' – perthyn i ffilmiau arswyd mae angenfilod. A ph'run bynnag, os mai dim ond un 'anghenfil' sy'n byw yn Loch Ness, yna mae'n rhaid ei fod yn un hen ar y naw iddo gael ei weld o ddyddiau Sant Columba hyd heddiw!

Hefyd, buasai gofyn iddo fod yn un clyfar dros ben iddo gael ei weld mewn mannau gwahanol o'r llyn ar yr un pryd. Ac efallai'n wir ei fod yn gallu newid siâp ei gefn i raddau, diolch i'r sachau aer hynny, ond go brin ei fod yn gallu newid ei faint. Taera rhai tystion ei fod oddeutu 4.6 metr o hyd, eraill ei fod rhwng 12 a 15 o fetrau.

Casglwn felly fod yna 'deulu' o anifeiliaid yn byw yn Loch Ness – praidd, os hoffwch chi, neu ddiadell, neu haid – yn hytrach na dim ond un Nessi yn unig. Cofiwch fod Jimmy Ayton wedi gweld pump ohonyn nhw ar yr un pryd, a bod criw o bobl ym 1950 wedi gweld rhywbeth tebyg i fam a dau gyw yn nofio gyda'i gilydd.

Tybed faint ohonyn nhw sy'n byw yn y llyn? Dyn a ŵyr, mae Loch Ness yn hen ddigon mawr a dwfn i gynnal teulu go helaeth – rhwng deg ac ugain, yn ôl un ddamcaniaeth. Mae'n amhosib dweud, fodd bynnag, pa mor hen mae'r anifeiliaid yma'n byw. Efallai eu bod fel crwbanod, yn gallu byw am ganrifoedd, a bod y llyn yn gartref i rai ifainc iawn yn ogystal â rhieni a theidiau a neiniau – a hen-deidiau a hen-hen-neiniau, hyd yn oed!

Dyma un peth a'm trawodd i wrth archwilio i ddirgelwch Loch Ness. Pan rydyn ni'n ifanc, rydym yn mynnu mynd o gwmpas y lle yn fusnes i gyd; mae ein dwylo a'n bysedd ym mhopeth fyth a hefyd, ac rydym yn cael boddhad mawr o fentro i leoedd nad oes gennym hawl i fod yno o gwbl.

Nes i ni ddysgu wrth dyfu'n hŷn, wrth gwrs. Mae pob anifail ifanc yn ymddwyn yn y

modd yma, yn llawn chwilfrydedd a menter. Gan gynnwys, mae'n debyg, gywion ifainc anifeiliaid Loch Ness. Fy syniad i, felly, yw mai dim ond *yr anifeiliaid ifainc* sy'n cael eu gweld o bryd i'w gilydd ar wyneb y llyn. Dim ond y 'plant' sy â digon o chwilfrydedd i wthio'u gyddfau allan o'r dŵr, er mwyn cael gweld be sy o'u cwmpas. Mae'r rhai hŷn yn gallach o lawer, ac wedi hen ddysgu fod yna greaduriaid swnllyd a chreulon yn teithio dros wyneb y llyn ac yn chwarae a byw ar y glannau – creaduriaid sy ar dân eisiau tynnu lluniau ohonynt a thrwy wneud hynny yn denu llawer iawn mwy o rai tebyg iddyn nhw i aflonyddu ar drigolion y llyn. Mae rheol aur bywydau'r anifeiliaid hŷn yn un syml, ond hanfodol – mae'n ddiogel o dan y dŵr, ond yn beryg bywyd allan ohono.

Hwyrach hefyd nad yw'r anifeiliaid ifainc eto wedi meistroli'r grefft o bysgota heb sblasio yn y dŵr a thynnu sylw pawb. Gall y rhai hŷn fod yn hen lawiau ar hela pysgod dan wyneb y dŵr, heb adael i damaid o'u cyrff godi'n uchel o'r dŵr – heblaw am ddarn o'u cefnau bob hyn a hyn.

A syniad arall yw fod ar yr anifeiliaid iau angen anadlu'n fwy aml na'u rhieni. Os yw eu cyrff yn llai, yna mae'n dilyn fod y sachau aer sy ganddynt ar eu cefnau hefyd yn llai, ac felly mae angen dod i'r wyneb yn fwy aml er mwyn eu llenwi.

Daw hyn â ni at broblem arall. Mae'r damcaniaethau uchod yn cymryd yn ganiataol mai mamaliaid yw anifeiliaid Loch Ness. Does dim prawf o hynny o gwbl. Efallai mai rhyw fath o bysgodyn yw Nessi, neu ymlusgiad. Ond os mai mamaliaid

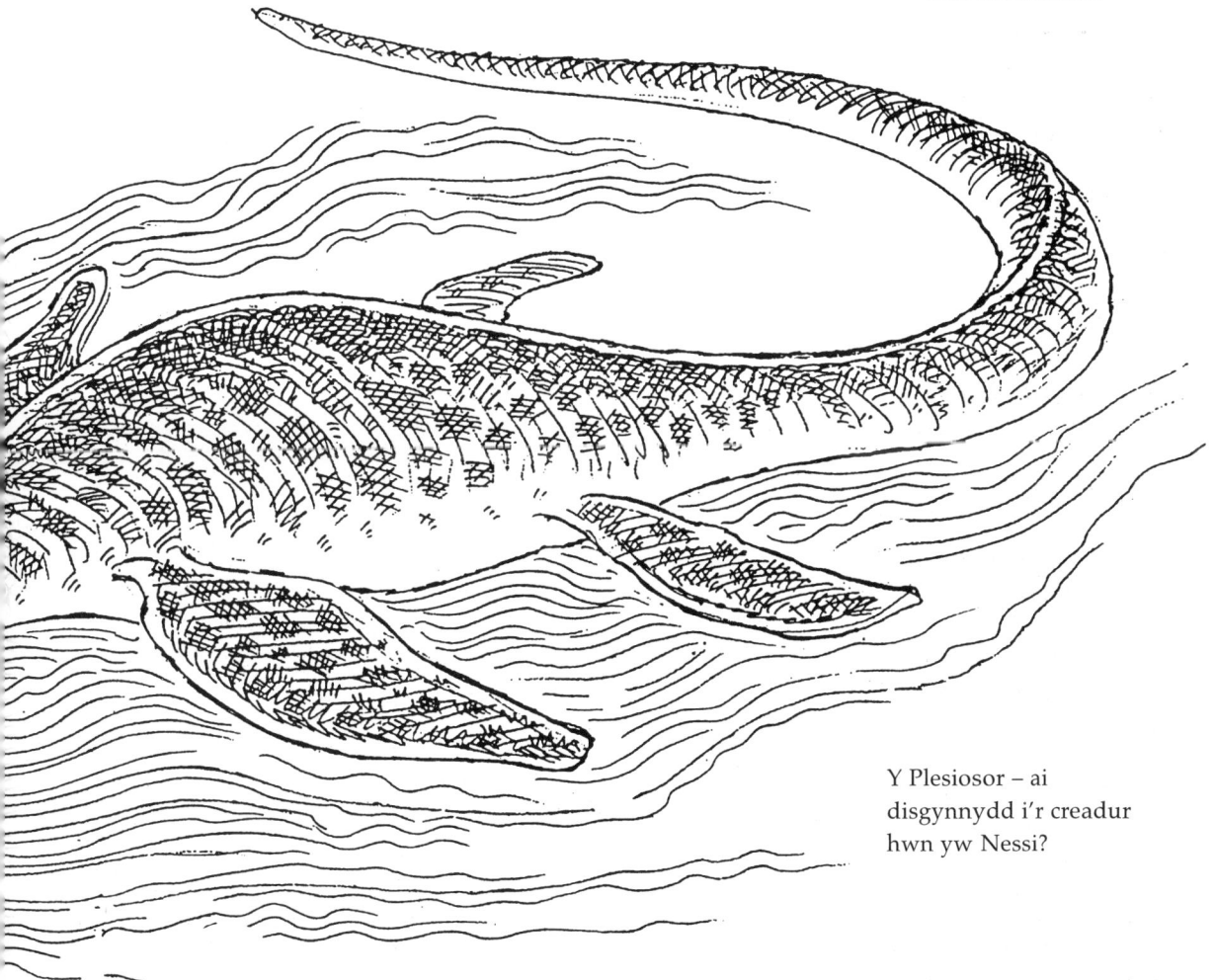

Y Plesiosor – ai disgynnydd i'r creadur hwn yw Nessi?

ydyn nhw, rhaid iddynt ddod i'r wyneb yn weddol aml er mwyn anadlu. Cynigiwyd y ddamcaniaeth droeon fod ganddynt ffroenau yn uchel ar eu pennau; os felly, mater hawdd fyddai i Nessi wthio corun ei ben allan o'r dŵr.

Yn wir, mae sawl tyst wedi sôn am ddau atodyn neu diwb bychan ar bennau'r anifeiliaid – fel y rhai sy ar ben malwoden. Efallai mai drwy'r rhain y maent yn anadlu. Mae Nicholas Witchell yn cynnwys disgrifiad ardderchog o ben un o'r anifeiliaid yn ei lyfr, gan ddyn o'r enw Richard Jenkyns a welodd Nessi ym 1973:

> 'There was a great gash of a mouth at least nine inches [23cm] long and tight shut, and above the centre of the mouth what may have been a small, black eye or blow-hole. . . the general appearance was that of a tube, slightly rounded at the top with the head profile rather like that of a snake.'

CREADURIAID Y NOS

Wrth gwrs, mae gan yr anifeiliaid well siawns o lawer o beidio â chael eu gweld ar ôl iddi nosi. Mae'n rhesymol felly i ni dybio mai yn ystod y nos y maent yn codi i'r wyneb i anadlu. Credwch chi fi, mae'r llyn yn dywyllach na bol unrhyw fuwch yn y nos, gyda dim ond ambell lygedyn o olau i'w weld yma a thraw ar y glannau. Petaen ni ond yn gallu hedfan yn araf ac yn dawel fel gwdi-hw dros y llyn gyda ffflachlamp cryf un noson! Ysgwn i beth welem ni?

Creaduriaid nosol, felly. Buasai hynny'n sicr yn egluro pam fod cyn lleied ohonyn nhw wedi cael eu gweld yn ystod y dydd. Mae'r nos yn fwy diogel o lawer iddyn nhw, heblaw efallai am ambell bysgotwr penderfynol – fel yr un a redodd i ffwrdd am ei fywyd pan glywodd sŵn anadlu trwm yn dod dros y dŵr a thrwy'r tywyllwch amdano un noson.

Rydym yn sôn hefyd am anifail sy'n gallu symud yn gyflym drwy'r dŵr – os rhywbeth, yn fwy cyflym o dan y dŵr nag ar yr wyneb.

Mae angen cynffon go gref arno i wneud hyn, yn ogystal â'i ffliperi y buom yn eu trafod yn gynharach yn y llyfr. Mae'n anifail sy hefyd yn gallu plymio i lawr o wyneb y dŵr i ddyfnder aruthrol yn rhyfeddol o chwim. Ystyriwch y difrod y gall pwysau'r holl ddŵr yna ei wneud i gnawd ac esgyrn – sy'n peri i rywun feddwl, os oes yna anifail mawr yn byw yn Loch Ness, yna rhaid ei fod yn un sobr o hyll!

O OES Y DEINOSOR

Ond a ydym ni rywfaint nes at ddyfalu *beth yw* Nessi? Cafwyd sawl cynnig dros y blynyddoedd. Yr un enwocaf – a'r un mwyaf poblogaidd – yw mai Plesiosor ydyw, anifail sydd i fod wedi hen ddiflannu o'r byd ers saith deg miliwn o flynyddoedd. Fel y disgrifiadau sy gennym gan rai a welodd anifeiliaid Loch Ness, roedd gan y Plesiosor yr un gwddf hir, pen bychan, cynffon hir a phedwar ffliper, yn ôl y sgerbydau a'r gweddillion ohonyn nhw sy wedi cael eu darganfod. Roedd y Plesiosor hefyd yn eitha cyffredin ym Mhrydain.

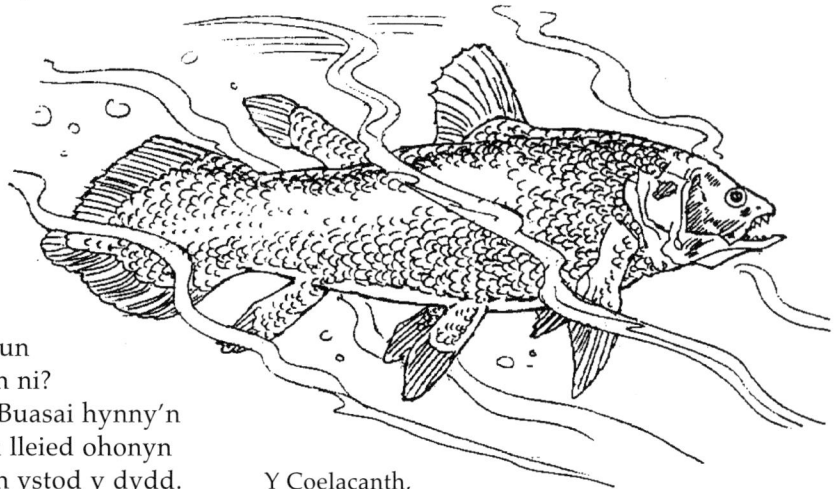

Y Coelacanth,
pysgodyn oedd *i fod* wedi diflannu o'r byd ers 60 miliwn o flynyddoedd, ond a oedd yn dal yn fyw ym 1952.

Yn ystod y tridegau, gwelodd criw o blant ysgol Drumnadrochit anifail anferth a dychrynllyd ym Mae Urquhart. Rhedasant yn eu holau i'r ysgol a dweud yr hanes wrth y

Prifathro. Ar y wal yn y dosbarth roedd yna boster mawr gyda lluniau arno o wahanol fwystfilod cyn-hanesyddol, deinosoriaid ac yn y blaen. Gofynnodd y prifathro i'r plant ddangos iddo pa un o'r rhain oedd debycaf i'r anifail a welson nhw yn y Bae. Heb oedi dim, pwyntiodd bob un o'r plant at ddarlun o'r Plesiosor.

I nifer o bobl, felly, Plesiosor – neu math ar blesiosor sy wedi newid rhywfaint wrth addasu dros yr holl flynyddoedd – yw anifail Loch Ness. Defnyddiwyd pysgodyn hynod o'r enw Coelacanth fel sail i'r ddadl yma. Fel y Plesiosor, credwyd fod y Coelacanth hefyd wedi diflannu'n gyfan gwbl ers tua 60-70 miliwn o flynyddoedd – nes i un gael ei ddal yn y môr ger ynys Madagascar ym 1938. Daliwyd un arall ger Ynysoedd Comoro ym mis Rhagfyr, 1952 – gan beri i sawl gwyddonydd oedd wedi dweud â sicrwydd fod y Coelacanth wedi ein hen adael gochi at ei glustiau!

MALWEN NEU DDYFRGI?
Beth arall all Nessi fod? Malwen anferth, medd rhai; llysywen enfawr, medd eraill. A rhaid i ni beidio ag anghofio'r gwahanol forloi a dyfrgwn!

Corff mawr, ffliperi, cynffon go hir, y gallu i greu crybiau o aer ar ei gefn, gwddf hir a phen bychan, gydag efallai ddau diwb bychan neu ffroenau ar ei gorun. Mae'n byw ar bysgod ac efallai chwyn a phlanhigion dŵr eraill.

Ydy o'n greadur swnllyd? Wel, nac ydy, yn ôl pob sôn. Mae'n creu cynnwrf yn y dŵr wrth bysgota neu ddianc oddi wrth bobl ond does yna ddim sôn o gwbl amdano'n cynhyrchu unrhyw sŵn gyda'i gorff. Yn wir, yr unig adroddiad sy'n cyfeirio at Nessi yn cadw twrw yw'r un cyntaf un, sef chwedl Sant Columba; yno mae Nessi yn rhuthro am y nofiwr anffodus *'with a great roar and open mouth'*.

RHOCHIAN YN Y DYFNDER
Mewn adroddiad yn y wasg yn ddiweddar, fodd bynnag, gwelwyd y geiriau canlynol: *'Marine scientists searching for the Loch Ness monster claim to have heard mysterious "grunts"*

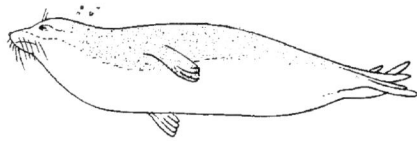

Beth all Nessi fod? Morlo, dyfrgi neu falwoden anferth, medd rhai.

from the dark waters of the Scottish lake.' Mewn llong danfor fechan yr oedd y gwyddonwyr, gyda chriw o dwristiaid (ydy, mae'n bosib mynd am reid mewn llong danfor i waelod Loch Ness, os ydych yn fodlon talu trwy'ch trwyn am y fraint) pan glywson nhw'r sŵn. Roedd un o'r gwyddonwyr yn gyfarwydd â synau anifeiliaid y môr fel morfilod a dolffiniaid, a doedd yr ebychiad yma'n ddim byd tebyg i'w synau hwy, meddai.

DIRGELWCH AM BYTH
Y gwir amdani yw, fedrwn ni ddim cymharu anifeiliaid Loch Ness ag unrhyw anifail arall y gwyddom ni amdano. Os ydyn nhw'n bodoli, yna maent yn anifeiliaid cwbl unigryw, a fedrwn ni ddim cymharu eu ffyrdd hwy o fyw gyda dulliau anifeiliaid eraill o fwyta, anadlu, symud, cenhedlu ac yn y blaen.

Mae popeth ynglŷn â hwy'n *ddirgelwch*, hyd yn oed eu bodolaeth – a dyna yw'r apêl fawr. Yr unig ffordd o brofi eu bodolaeth yw drwy wagio'r llyn yn gyfan gwbl – tasg amhosib!

Ond a ydyn ni eisiau profi unrhyw beth mewn gwirionedd? Rwy'n hoffi meddwl, petawn i'n ddigon ffodus i dynnu llun pendant a chlir o un neu fwy o'r anifeiliaid, llun na ellir dadlau ag ef mewn unrhyw ffordd, y buaswn yn meddwl yn ofalus iawn cyn ei gyhoeddi. Ni fyddai'n hir wedyn cyn y byddai criw o helwyr yn mynd ati o ddifrif i ddal Nessi, ei roi mewn cawell neu danc anferth a'i gludo i ryw sw neu'i gilydd, er mwyn i bobl sefyll yno'n gwneud dim ond rhythu arno.

Ricky MacDonald o Fort Augustus, a welodd grwb anferth ar wyneb Loch Ness ym 1986.

Ac yn yr oes dechnolegol, ddiramant hon, onid yw'n braf meddwl fod yna ambell ddirgelwch yn dal ar ôl yn yr hen fyd yma?

NODYN I GLOI

A dyna ni. Efallai nad ydym fymryn yn nes at ddatrys dirgelwch Loch Ness, ond efallai hefyd fod yr ateb ar fin cael ei ddarganfod. Yn y cyfamser, mae gwahanol bobl yn dal i gael cipolwg ar un neu ragor o'r anifeiliaid – dim digon i brofi eu bodolaeth i'r byd, ond digon i sbarduno chwilfrydedd a phryfocio'r dychymyg.

Pobl fel Edna MacInnes o Inverness, a welodd un ohonynt tra oedd yn gyrru heibio i'r llyn ger Dores ym 1993. *'It looked like a big boat and had a head that resembled a giraffe's,'* meddai wrth y *Daily Mirror.* Pobl fel Alastair a Susan Boyd, athrawon o Southend yn swydd Essex, a welodd grwb tywyll oddeutu ugain troedfedd o hyd ym Mae Urquhart. Neu Roland O'Brien o Scaniport a welodd grwb tywyll, mawr tra oedd yn pysgota o'r lan rhwng Dores a Foyers – a hynny ddwy waith! *'It moved rapidly for about five minutes and seemed to be making lots of splashing in front of it,'* meddai Mr.O'Brien yn yr *Highland News.* Yna suddodd yr anifail o'r golwg, cyn dychwelyd i'r wyneb o fewn munud. *'I watched it again for about five minutes. About half-way into the second sighting, there was a big splash beside the hump.'* Eto, roedd y llyn yn llonydd ar noswaith dawel ym mis Awst, 1993. *'Any talk of logs, dogs, cattle or deer swimming is nonsense,'* meddai Mr.O'Brien. *'What I saw was large, and capable of going from standstill to extremely fast in seconds.'*

A Ricky MacDonald o Fort Augustus, a welodd rywbeth tebyg ym 1986 tra oedd yn hwylio ar draws y llyn ar y *Caledonian Queen.* Ei gi'n cyfarth a ddenodd sylw Ricky at yr anifail gyntaf. Gorweddai'n hollol lonydd yn y dŵr, crwb oddeutu 7.5 metr mewn hyd a thua 76 centimetr mewn uchder. Gwyliodd Ricky ef am ddeuddeng munud cyn i'r anifail suddo'n araf o'r golwg dan y dŵr.

Bob blwyddyn mae yna adroddiadau newydd yn cael eu hychwanegu at y cannoedd sy'n bodoli eisoes, rhai'n ddigon cyffredin, ac eraill ychydig yn fwy dramatig.

Ai gweld pethau mae'r holl bobl hyn? Efallai fod rhai ohonyn nhw wedi gwneud camgymeriad dilys, ond *bob un ohonyn nhw?* Ai camgymryd wnaeth pobl fel George Edwards, Ricky MacDonald, y Tad Gregory a Jimmy Ayton – pobl sy'n byw wrth y llyn ac sy'n ei adnabod yn dda?

Penderfynwch chi.

Loch Ness o draeth Dores. Ai crwb rhyw anifail anferth sydd i'w weld yn y pellter?

RHAMANT Y LLYN

Dydw i ddim wedi mynd ati'n fwriadol i brofi i chi fod yna anifeiliaid rhyfedd yn byw yn Loch Ness – dim ond wedi gosod cyfres o ddigwyddiadau go ryfedd o'ch blaen, digwyddiadau na ellir eu hesbonio'n hawdd iawn. Nid wyf chwaith wedi rhestru pob un wan jac o adroddiadau'r tystion hynny sy wedi gweld rhywbeth anghyffredin yn Loch Ness – dim ond y rhai mwyaf dramatig a thrawiadol ohonynt.

Ond ydw i fy hun yn credu ym modolaeth Nessi? Rhaid i mi gyfaddef, rwyf yn dipyn o ramantydd ac yn hoffi'r syniad fod yna rai pethau sy'n gallu drysu'r gwyddonwyr gwybod-bob-dim hynny. Ond rwyf hefyd yn berson sy'n hoffi gweld rhywbeth drosof fy hun cyn ei dderbyn yn ffaith, a hyd yn hyn dydw i ddim wedi gweld unrhyw anifail mawr yn nyfroedd Loch Ness, er hir sefyllian ar y glannau yn craffu dros ei wyneb.

Wedi siarad â chymaint o bobl yr ardal, fodd bynnag, rwy'n credu fod yna *rywbeth* go od yn y llyn. Dydw i ddim yn meddwl ei fod yn 'anghenfil', fel rhywbeth allan o *Jurassic Park,* ond efallai fod yno anifail unigryw y gwyddom ni'r nesaf peth i ddim amdano.

Na, rwyf i eto i weld Nessi. Gwelodd fy ngwraig rywbeth yno un bore, tra oeddwn i'n rhochian cysgu yn fy ngwely.

Ond stori arall yw honno. . .

Morag, Tegi ac Eraill

Morag o'r Loch Diwaelod

Rhyw saith deg milltir i'r gorllewin o Loch Ness mae Loch Morar. Hwn yw'r llyn dyfnaf ym Mhrydain Fawr, gyda dyfnder o 326·4 metr. Yma hefyd, yn ôl y sôn, mae rhyw fath o gyfnither i Nessi yn byw, sef Morag. Yn ôl yr hen draddodiad, arferai Morag ymddangos pan fyddai aelod o lwyth MacDonnell ar fin marw – ac mae Peter Costello yn ei lyfr *In Search of Lake Monsters* yn sôn fel y bu i un o'r teulu anffodus yma farw dair wythnos ar ôl i Morag gael ei gweld gan lond cwch o dwristiaid.

Cafodd Morag ryw gymaint o enwogrwydd yn sgil yr holl sylw a gafodd Nessi yn ystod y tridegau. Ym 1946 gwelodd llond cwch o blant ysgol anifail mawr a edrychai iddyn nhw yn debyg i eliffant yr India yn gorwedd ar greigiau ger lan y llyn. Neidiodd oddi ar y creigiau i'r dŵr gyda sblas anferth.

Ddwy flynedd yn ddiweddarach, gwelwyd hi eto gan griw o dwristiaid o Lerpwl – *'about thirty feet long with four humps sticking out of the water about two feet above the surface'.*

Yn wir, roedd gweld Morag yn ddigwyddiad cyffredin iawn yn ystod y pedwardegau. Gwelwyd hi mor aml gan gwpl oedd yn byw mewn tŷ ar lannau'r llyn nes iddynt nhw flino chwilio amdani. Iddyn nhw, roedd Morag yn debyg i gwch oedd yn gorwedd wyneb i waered yn y dŵr.

Ydi'r disgrifiad yma'n canu cloch gyda chi?

Efallai fod anifeiliaid Loch Morar yn perthyn yn agos i rai Loch Ness, ond mae lle i gredu eu bod ychydig yn fwy milain na hwy. Yn ystod yr haf, 1969, gwelwyd Morag ar ddau achlysur gwahanol.

Y Llygaid Main, Mileinig

Digwyddodd y cyntaf yn nechrau mis Gorffennaf, pan oedd gŵr o'r enw Bob Duff yn gyrru'i gwch ar draws bae o'r enw Meoble Bay. Yma, mae'r dŵr yn gymharol fas ac yn glir, a gellir gweld y tywod gwyn ar wely'r llyn heb unrhyw drafferth o gwbl. Edrychodd Mr.Duff dros ochr ei gwch, a dyma'r hyn a welodd:

'Mr.Duff saw what he described as a "monster lizard" lying on the bottom. It was not more than 20 feet long, motionless, and looking up at him.

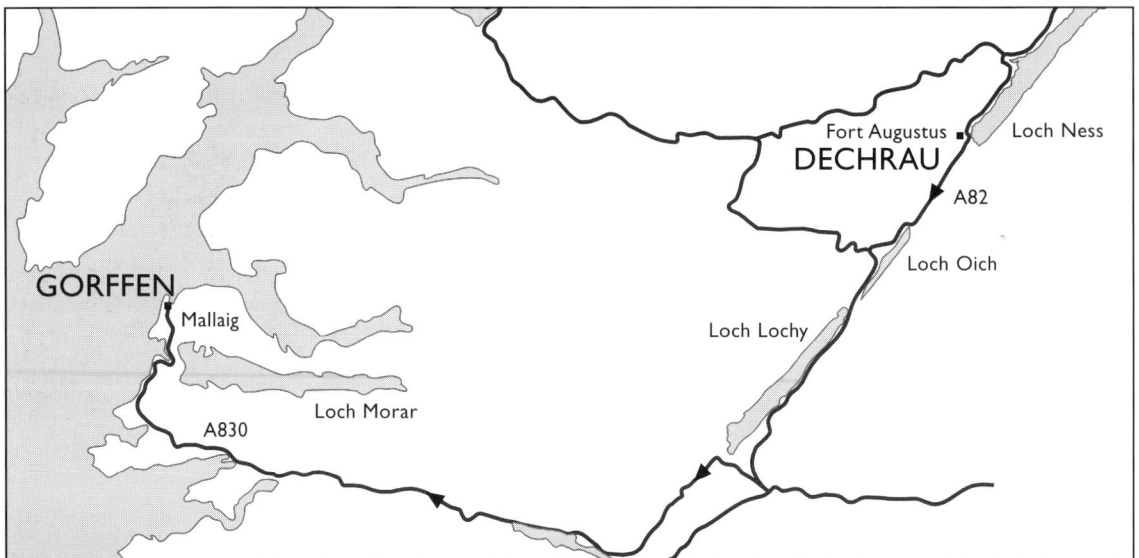

Map yn dangos y ffordd o Loch Ness i Loch Morar.

Duncan MacDonell yn cael tipyn o drafferth hefo Morag!

The shock of seeing it caused him to rev up and get away as fast as possible so that he only saw it momentarily. As described and drawn by Mr.Duff it appears he saw only the front part clearly. The head was snake-like with a wide mouth and slit eyes. As it was seen from above, the neck was not visible and its length could not be estimated. It had four legs and the front legs were clearly seen to have three digits each. The body, hindquarters and tail were only vaguely seen. It was a grey-brown, the skin rough like "burnt coke".'

(Peter Costello, *In Search of Lake Monsters*)

Fel nifer o bobl sy wedi gweld un o anifeiliaid Loch Ness, dychryn am ei fywyd wnaeth Bob Duff pan welodd Morag yn syllu'n ôl arno o waelod y llyn. Efallai'n wir iddo wneud peth doeth iawn yn ei g'leuo hi oddi yno fel cath i gythraul, oherwydd mae'r stori nesaf yn dangos fod Morag yn gallu bod yn biwis iawn ar brydiau.

Y BWYSTFIL FFYRNIG

Fis yn ddiweddarach, ar noson yr 16eg Awst, roedd dau ddyn, sef Duncan MacDonell a

William Simpson, ar eu ffordd adref ar ôl bod yn pysgota. Clywodd Duncan MacDonell sŵn yn dod o'r tu ôl i'r cwch a throdd i weld rhywbeth mawr yn symud drwy'r dŵr tuag atynt. Trawodd yn erbyn eu cwch, gydag ergyd ddigon caled i ysgwyd eu tegell oddi ar stof fechan oedd ganddynt. Mae'n ymddangos fod Morag wedi *ymosod* ar y dynion; bu Duncan MacDonell yn ceisio'i

Loch Morar, y llyn 'diwaelod'.

Tybed ai Morag, cyfnither i Nessi, sydd yma?

gwthio i ffwrdd gyda rhwyf, ond torrodd y rhwyf wrth iddo ymladd â'r bwystfil.

Yn y cyfamser, roedd William Simpson wedi rhuthro i lawr i'r caban a dychwelodd gyda dryll. Saethodd at yr anifail, gan fethu, ond diflannodd Morag o dan y dŵr, wedi'i dychryn gan glec y reiffl.

PERTHNASAU NESSI

Er mor enwog yw Loch Ness – a Nessi a Morag – dydyn nhw ddim yn unigryw. Mae llynnoedd eraill mewn gwahanol rannau o'r byd sydd, yn ôl y sôn, yn gartrefi i fwystfilod rhyfedd. Yma yng Nghymru, er enghraifft, mae gennym Tegi (ia, dw i'n gwybod, enw

Morag unwaith eto?

Be welson nhw? Anifail oedd rhwng 7·5 a 9 metr mewn hyd, gyda thri chrwb ar ei gefn. Roedd y cnawd yn arw ac yn frown budr o ran lliw. Wrth ymladd â'r anifail gwelodd Duncan MacDonell ben fflat fel un neidr yn codi rhyw droedfedd a hanner allan o'r dŵr.

Trefnwyd archwiliad i ddirgelwch Loch Morar ym 1970, a gwelwyd crwb mawr yn y dŵr ar dri achlysur gwahanol gan aelodau o'r *Loch Morar Survey*. Yn anffodus, fodd bynnag, bu'n rhaid i'r fenter yma ddod i ben oherwydd prinder arian.

Ers hynny mae Morag wedi bod yn ddistaw, tra bod Nessi wedi hawlio sylw pawb.

erchyll!) sy'n byw yn nyfnderoedd Llyn Tegid yn y Bala, ac sy wedi cael ei gweld ar sawl achlysur. Mae straeon hefyd am angenfilod yn byw mewn sawl llyn yn yr Iwerddon, ac mae Ogopogo bron mor enwog yng Nghanada ag y mae Nessi ym Mhrydain.

Nid oes gennyf amser na lle yma i drafod y creaduriaid hyn yn fanwl. Efallai rywbryd yn y dyfodol. . .

Cawn weld.

CHWILIO AM NESSI

Er bod gan yr anifeiliaid lyn anferth i fyw a chwarae ynddo, mae ganddyn nhw eu hoff leoliadau. Os edrychwch ar y map isod, fe welwch chi eu bod i'w gweld amlaf wrth geg afon. Pam? Oherwydd bod pysgod yn dod drwy gegau'r afonydd ar eu ffordd i mewn i'r llyn, efallai?

Os ydych am fynd i chwilio am Nessi, yr amser gorau i fynd yw yn gynnar yn y bore, ar doriad gwawr, neu cyn iddi hi dywyllu yn y nos. Dyma pryd y mae'r pysgod yn bwyta, a'r llyn yn dawel, braf. Os ydych yn disgwyl gweld un o'r anifeiliad yng nghanol y prynhawn, yna mwy na thebyg mai cael eich siomi a wnewch chi.

Ond peidiwch â gadael i hynny eich rhwystro rhag craffu dros wyneb y llyn. Wyddoch chi byth be welwch chi – a *chofiwch* fynd â chamera a sbienddrych gyda chi, ac, os yn bosib, rywun i gadarnhau eich stori os bydd Nessi'n penderfynu dod i'r wyneb.

Pob hwyl gyda'r hela!

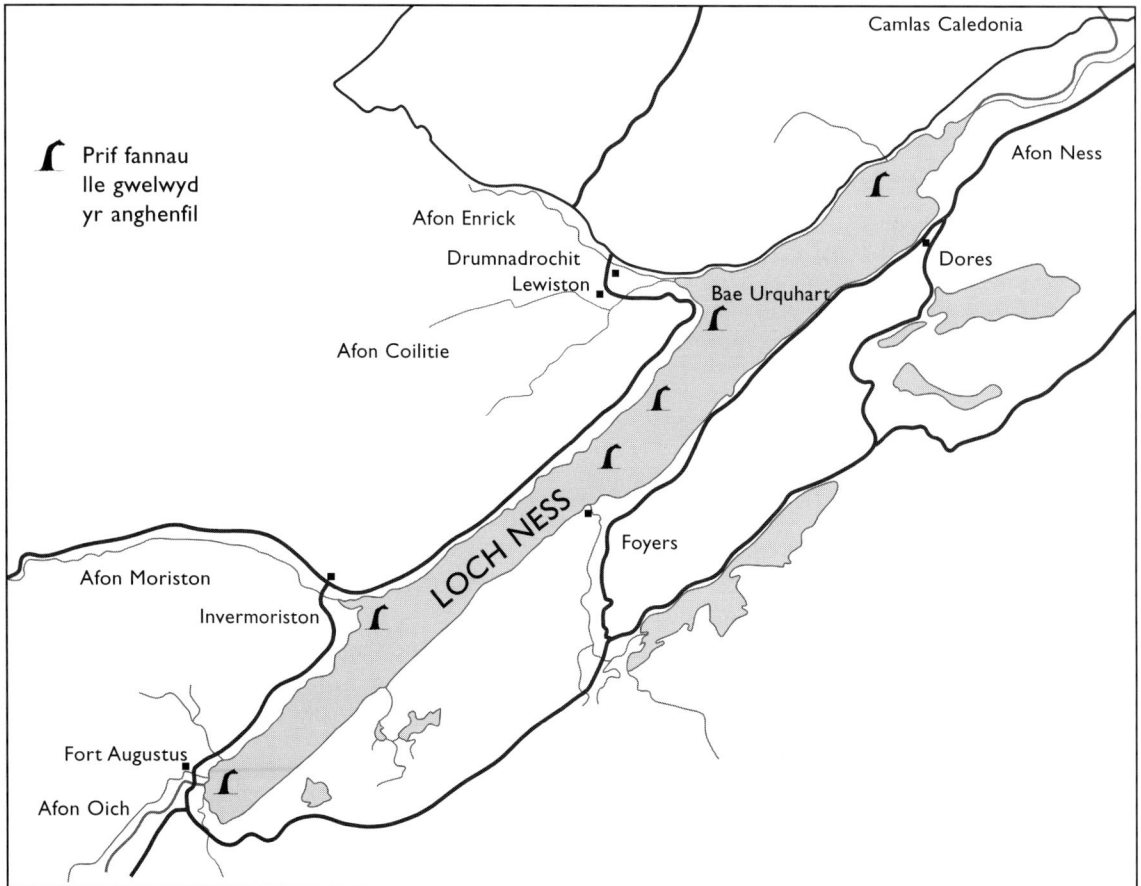

Os ydych am fynd i hela Nessi, dyma'r mannau gorau i chi gychwyn chwilio amdano. Pob lwc!

LLYFRYDDIAETH

Dyma restr o'r llyfrau a ddefnyddiais tra oeddwn yn ysgrifennu *Dirgelwch Loch Ness:*

More Than a Legend, Constance Whyte (Hamish Hamilton, Llundain, 1961)

The Loch Ness Story, Nicholas Witchell (Corgi, 1989)

Loch Ness Monster, Tim Dinsdale (Routledge & Kegan Paul, 1961)

The Story of the Loch Ness Monster, Tim Dinsdale (Target, 1973)

The Loch Ness Monster – the Evidence, Stuart Campbell (Gwasg Prifysgol Aberdeen, 1991)

The Enigma of Loch Ness, Henry H.Bauer (Johnson & Bacon Books, 1991)

The Monsters of Loch Ness, Roy P.Mackal (Futura, 1976)

In Search of Lake Monsters, Peter Costello (Panther, 1974)

The Loch Ness Mystery Solved, Ronald Binns (Star, 1983-1984)

There are Giants in the Sea, Michael Bright (Robson Books, 1989)

Nessleter, gol. R.R.Hepple, Co.Durham.

Welsh Folklore & Folk Custom, T.Gwynn Jones (D.S.Brewer, Rowman and Littlefield, 1979 – ond cyhoeddwyd gyntaf ym 1930)

Celtic Folklore – Welsh & Manx, Syr John Rhys (Gwasg Prifysgol Rhydychen, 1901)

Scotland's Story, Tom Steel (Fontana, 1985)

The World Atlas of Mysteries, Francis Hitching (Pan, 1978)

ADRODDIADAU GAN DYSTION

Mae'n amhosib dweud faint yn union o bobl sy wedi gweld Nessi dros y blynyddoedd, ond dyma i chi syniad bras o'r nifer o adroddiadau sydd ar gael mewn gwahanol lyfrau, cylchgronau, erthyglau ac yn y blaen. Defnyddiais lyfr Henry H.Bauer, *The Enigma of Loch Ness*, er mwyn llunio'r tabl isod; mae manylion llawnach am y gwahanol adroddiadau i'w cael yn y llyfr hwnnw.

Blwyddyn	Nifer o adroddiadau a ddaeth i law	Blwyddyn	Nifer o adroddiadau a ddaeth i law
565 O.C.	1	1914	2
1520	1	1915	1
1694	1	1916	2
1726	1	1917	1
1755	1	1919	1
1771	1	1923	2
1818	1	1924	1
1840au	1	1926	1
1852	1	1927	3
1860	1	1929	2
1862	1	1930	1
1871	1	1931	1
1878	1	1932	1
1879	1	1933	92
1880	2	1934	137
1885	1	1935	26
1889	3	1936	19
1895	1	1937	17
1896	4	1938	25
1900	1	1939	14
1903	1	1940	3
1908	1	1941	2
1909	2	1942	1

1943	4
1944	2
1945	4
1946	2
1947	10
1948	4
1949	1
1950	4
1951	6
1952	13
1953	2
1954	12
1955	6
1956	2
1957	6
1958	9
1959	9
1960	23
1961	7
1962	12
1963	19
1964	18
1965	13
1966	25
1967	25
1968	23
1969	15
1970	5
1971	10
1972	7
1973	12
1974	12
1975	9
1976	24
1977	17
1978	19
1979	27
1980	17
1981	19
1982	20
1983	22
1984	2
1985	2

Cyn 1933 – pan gychwynnodd yr holl syrcas go iawn – dim ond 49 o adroddiadau oedd gennym am anifeiliaid yn Loch Ness. Ond cafwyd 838 o adroddiadau rhwng hynny a 1985.

CYDNABYDDIAETHAU

Mapiau: Ruth Evans
Lluniau pin ac inc: Robin Lawrie
Diagramau: Glyn Rees (gyda chymorth Matthew Ward ar dud. 7)
Clawr: Jonathan Ward/Elgan Davies
Ffotograffau: Yr awdur (4; 5, gwaelod; 9; 10; 11, top; 13; 45, gwaelod; 48; 51; 52; 53; 54; 55; 62; 63); Whiteholme (Publishers) Ltd., Dundee (5, top; 12); Fortean Picture Library (25; 29; 47; 67); Nicholas Witchell/Fortean Picture Library (11, gwaelod; 43); Ivor Newby/Fortean Picture Library (66); A.N.Shiels/Fortean Picture Library (33;34); Mail Newspapers plc, trwy law Solo Syndication (26; 38); Mail Newspapers plc/Torosay Castle & Gardens (40); Express Newspapers (31; 32; 44); Camera Press Ltd. (36); Academy of Applied Science, Boston, Massachusetts, trwy law Syndication International Ltd. (45, top; 46); George Edwards (56; 57); F.C.Adams/James Lee (35).

Gwnaed pob ymdrech i olrhain hawlfraint y ffotograffau. Dylid dwyn unrhyw ddiffyg i sylw'r cyhoeddwyr er mwyn ei gywiro mewn unrhyw adargraffiadau.

Dymuna'r cyhoeddwyr ddiolch i adrannau Cyngor Llyfrau Cymru am eu cymorth.

Argraffiad cyntaf: Medi 1996
Ⓗ Hawlfraint Gareth F.Williams/Y Lolfa 1996

Rhif Llyfr Rhyngwladol: 0 86243 385 1

Cyhoeddwyd yng Nghymru ac argraffwyd ar bapur di-asid a rhannol eilgylch gan Y Lolfa Cyf., Talybont, Ceredigion SY24 5HE.
e-bost ylolfa@netwales.co.uk
y we http://www.ylolfa.wales.com/
ffôn 01970 832 304
ffacs 832 782